谨以此书献给我亲爱的女儿。

先幸福后结婚

小储◎著

中华工商联合出版社

图书在版编目（CIP）数据

先幸福，后结婚：每个女人都需要的情感赋能书 / 小储著 . -- 北京：中华工商联合出版社，2020.9

ISBN 978-7-5158-2769-8

Ⅰ．①先… Ⅱ．①小… Ⅲ．①女性－婚姻－通俗读物 Ⅳ．① C913.13-49

中国版本图书馆 CIP 数据核字（2020）第 126840 号

先幸福，后结婚：每个女人都需要的情感赋能书

作　　者：小　储
出 品 人：李　梁
责任编辑：吴建新
装帧设计：张合涛
责任审读：郭敬梅
责任印制：迈致红
出版发行：中华工商联合出版社有限责任公司
印　　刷：三河市燕春印务有限公司
版　　次：2020 年 10 月第 1 版
印　　次：2024 年 1 月第 2 次印刷
开　　本：710mm×1000 mm　1/16
字　　数：145 千字
印　　张：14
书　　号：ISBN 978-7-5158-2769-8
定　　价：39.90 元

服务热线：010-58301130-0（前台）
销售热线：010-58302977（网店部）
　　　　　010-58302166（门店部）
　　　　　010-58302837（馆配部、新媒体部）
　　　　　010-58302813（团购部）
地址邮编：北京市西城区西环广场 A 座
　　　　　19-20 层，100044
http://www.chgslcbs.cn
投稿热线：010-58302907（总编室）
投稿邮箱：1621239583@qq.com

追求幸福婚姻的路径

当小储请我给她的书写序时，我竟然一时有些回不过神来：那个曾经在一群顶级女企业家鞍前马后奔忙的小储（曾任中国女性俱乐部执行秘书长），那个古灵精怪、沉静多思的小女孩，已经成长为可以挥毫写书、指导女性的专家了？

看过书稿，我释然了。十年成长，对于善于思考、勤于精进的人来说，实在是一种生命的馈赠。

始于商业性地组织女性、服务女性、观察女性，到学术性地揣摩女性、研读女性、探索女性，再深入到垂直领域，从情感和心理层面解析女性、助力女性，最后反哺女性、指导广大女性……从女性交流平台的中层人员，到专职情感疗愈师，再到女性情感作家，小储实在是没有辜负身为一名女性的全部禀赋和才情。

　　在这本书中，小储犀利而聪敏、理性而悲悯、字里行间流露出对女性的积极共情和善意。

　　女性的婚姻观，往往既有深刻的时代烙印，又有受制于自身诸多因素的局限。

　　我们都是婚姻的过来人，也都有一部自己的婚姻经。但即使经历过、体验过，也未必能讲得清、道得明。因为缺乏宏观和微观的系统性思考，对于婚姻这个话题，很多中国女性都是倾尽一生去反复思忖，但好像也没想出什么所以然。

　　所以，感谢小储，从情感疗愈师的视角，不但理清了具有指导意义的婚姻价值体系，还修正了幸福和婚姻的因果关系，并绘出了追求幸福婚姻的路径。

　　这对于"一思考就头痛"的女性来说，无异于醍醐灌顶，给出了一部在婚姻中成长的"九阴真经"。

　　我有直觉，这本书将会影响更多的读者，也将会受到更多女性朋友的欢迎。拭目以待。

王秋杨

今典集团联席董事长

苹果慈善基金会理事长

国家级登山运动健将

第一位到达"地球三极"的华人女性

婚姻，是一辈子的集团公司

婚姻是什么？一千个人有一千种回答，读完小储的新作《先幸福，后结婚》之后，我的脑海里出现的就是这句话——婚姻，是一辈子的集团公司。

婚姻是一辈子的集团公司，当你选择了婚姻的时候，同时也要选择成为两个家族的CEO，可能你将卷入没有血缘关系却常常误认为在血缘系统内的复杂情感需求的暗井里，如果没有一定的管理能力，包括但不限于情绪管理、财务管理、日常事务管理、健康管理等重要组成，真的不适合选择婚姻。这也是小储的开篇观点："婚商"不高，慎选婚姻。

何为"婚商"？小储如是说："婚商"就是驾驭婚姻的智慧和能力，主要体现为经营能力、感知能力和取舍能力。

　　小储给我留下的最深刻印象就是她的直接和坚持。她会很清楚地表达自己的意愿、需求，很清楚很认真地询问她想了解的细节，通过询问澄清疑点，让所有的一切都瓜清水白，一是一，二是二，没有半点含糊。

　　这是正确的做事态度和做事方法。

　　但是，有一些人做不好事情，所以他们非常不适应这种方式和态度，可他们又没有能力去反抗，只能逃避。

　　事实上，这也是相当数量的人在婚姻爱情上的方式和态度——暧昧、模糊、软弱、容易放弃。

　　对于小储的私人生活，我所知甚少，但她对待婚姻的态度以及处理问题的方式，如实展现在她的这部作品里，与她对待工作的态度和方式相差无几，一样是清晰明了的拿得起放得下，刀是刀，矛是矛，花是花，茶是茶，亲疏远近一目了然。

　　用这样的态度和方式处理情感、处理婚姻，一样会让相当数量的人敬让三分，不能说是最好的方式，但婚姻爱情本来就是一个千古难题，一个蒂结一个瓜，谁都没办法说自己的方法能够放之四海皆真理。因此，如果性格、环境、处境相似，小储的方法值得一试。

　　至少，我欣赏这种黑白分明、界限清晰。

　　人生苦短，短的是人生，长的是磨难。最不值得去做的，就是在暧昧不清的关系里耗尽心血。爱，是天堂的专利，不属于地狱。

　　认识小储是一个偶然的机会，那时她在一个赫赫有名的资本平台做事，印象中职位还不低，并打算自主创业，可以说是一个都市"白骨精"，能够在北京商界打下一片天地的女人，都不是凡人。

仙女的婚姻，自然也不是凡夫俗子能够理解的。

如果婚姻是一座大厦，可以分为三级，地狱、人间、天堂，小储所追求的婚姻关系、生活品质，无疑是从人间跃升到天堂，起点最低也是人间。已经拥有人间爱情的你，看过这本书则会如虎添翼。

但是，这并不代表如果你正在被糟糕的婚姻情感所伤害，就不能阅读这本书。恰恰相反，我个人觉得，如果你现在生活得一团糟，更需要读这本书，让小储的理性分析、理性建议带你一起找到出路。

感性，是一种更高级的游戏。没有理性思考的感性，说穿了，其实就是盲目冲动，真实的幸福从来都不是盲目冲动的产物，而是理性之美下的感动，一如小储这本书的主题——先幸福，后结婚。

陶思璇

知名心理学专家

情感关系专栏作家

如果你正处在婚恋困局之中，不知何去何从，或者在被不幸的婚姻夜以继日地消耗、消磨，请认真阅读本书。

如果你婚姻幸福，想进一步提升幸福指数，让自己变得更加自立和强大，你也可以从本书中获得有益的启发。

如果你还未走进婚姻，正在享受爱情的甜蜜和懵懂，或者还在徘徊与犹豫之中，你也值得拥有这本书，帮你理解婚姻与幸福的关系，掌握构建幸福婚姻的本领。

作者小储，从一个情感疗愈师的视角，以一个婚姻亲历者、观察者和思考者的笔触，将婚姻那点事掰开了、揉碎了，将其中的奥妙和深意，在读者面前一点点剥开、呈现。

在很多人眼里，婚姻是本能，是感性的产物，是水到渠成的过程。但小储要说，婚姻是一个理性的选择，是一个不断精进、不断升级的过程。幸福的婚姻，则更需要准备、学习和修炼。

现实中的人们，总是把婚姻当作目的，并想当然地认为，幸福就在婚姻里面等待自己，只需要自己走进婚姻，就能靠近幸福，尤其是女性。但小储要说，幸福是目的，婚姻是手段。

幸福的婚姻，会让人更加热爱生活，更加尊重感情，更加享受家庭角色，当然也会更加肯定自己。而劣质的婚姻，会让人质疑爱情，会让家庭失去凝聚力，会让两性之间互相仇视，当然，也会让自己迷失在不停地否定自己和否定别人之间。

所以，幸福的婚姻需要修炼，既要修炼婚内的自己，也修炼自己的婚姻。

你的"婚商"如何？

你是否真正热爱自己？

你听说过幸福婚姻的框架思维吗？

你知道什么是婚姻的底线思维吗？

你是否拥有身处痛苦之中的破局思维？

而这些，都是成就幸福婚姻的必修课。

每个女人都是女神。

每个女人，都应该成为自己的女神。

这里所说的女神，不是男性为之痴狂的视觉尤物，而是自珍自爱、勇于追求幸福、善于创造美好生活的智慧女人，时刻焕发出自己的生命之光。

一个婚恋幸福的女性，能够向社会释放出积极情绪和正向的精神影响力，可以辐射以她为圆心的人群，进而惠泽更多的家庭，当然也可以推动社会和谐。

所以，幸福的婚姻，自然能够制造出幸福女神。

一个幸福女神，就是一个充满正向张力的社会分子，她们是快乐的妻子、儿媳、女儿和母亲……她们热爱生活、造福社会。

但不知从何时起，女性的婚内幸福指数却在逐步降低，一类又一类家庭和婚姻问题出现在大众视角中。

产后抑郁症几乎成了标配或重点预防对象；

二胎时代的生儿育女，给妈妈们带来的幸福感似乎远不及生育后的焦虑和疲惫；

在全国普遍上升的离婚率中，由女方提出离婚的比例，画出了一道上扬的弧线；

……

纯粹的男性视角，永远看不到女性天空的阴霾。

某些男性一边疑惑，一边抱怨：那些女人越来越矫情，不断逃避责任，追求精致利己，真是人心不古啊……但是我们每一个女性听到类似的评价都会委屈、愤懑、嗤之以鼻。

实际上，一些男性用这种简单粗暴的归因方式，掩盖了年深日久的伦理冲突和现代婚姻中的真正矛盾。

ONE

如果"婚商"不高，请三思而后婚

　　迈入新时代的女性，见多识广、文武兼备，她们精神层面丰富细腻，创造价值的能力也与男性平分秋色。然而，女性自身的优秀程度，与她们在婚姻中的自尊、自信和自如程度，并没有建立起正向关联。

　　中国女性的"婚商"，普遍处于不高的水平。

　　什么是"婚商"？"婚商"就是驾驭婚姻的智慧和能力，主要体现在经营能力、感知能力和取舍能力。

1. 经营婚姻的能力

婚姻需要经营。

经营婚姻，是为婚姻的走向掌舵，是对夫妻情感的主动管理。

然而，一些女性把经营婚姻等同于包办婚姻中的大小事务，把"经营"误解成了"操持"或者"打理"，变成了婚姻之中的"杂役和苦力"。

其结果是，如花似玉的小媳妇很快变成了心力交瘁的黄脸婆，擅长琴棋书画的淑女被逼成了霸气十足的"悍妇"，最后还常常落得一身埋怨。

所以，经营婚姻要靠一种巧劲，而不是蛮力，所需要的是领导力，而不是执行过程中的事无巨细。

传统的婚姻观念，鼓励女性对婚姻去投入和奉献，要求女性在婚内坚毅隐忍、委曲求全。

其实，这些要义都没有错，只是我们女性有时真的抓错了重点。

对婚姻投入和奉献，指的是对婚姻的关注和专注，而不是无谓的、无底线的牺牲；而坚毅隐忍和委曲求全，指的是一种以柔克刚的智慧，而不是逆来顺受。事实上，"驾驭婚姻的智慧"和"引导伴侣的技巧"，才是经营婚姻的核心，更是一位婚内女性的重要自我修养。

经过几千年的约定俗成，经营婚姻的责任被更多地赋予给女方，那么女性就应当在角色扮演上，自觉向"婚内家长"的方向靠拢，学会从俯瞰婚姻的角度，对婚姻进行支配和把握，而不是一味地鞠躬尽瘁、任劳任怨，将自己放在"婚内奴仆"或"婚内保姆"的位置上，让自己的心智和精力不断被消耗、消磨。

2. 感知婚姻的能力

从历史纵向角度看，由于女性在封建社会长期被压抑，所以在近现代各方面被解绑以后，一直在飞快成长。在从绝对弱势变得更加重要的过程中，女性展现出了惊人的自我提升能力。而一些男性，非但没有警醒，还在懒散中继续享受着大环境的宠溺，继续在婚姻中保持着惰性。

现代女性，在家庭财务的贡献上，与男性日益比肩。因此，对于女性来说，婚姻中的幸福感，取决于在婚内享受到多少尊重与平等。

很多女性，在婚后就失去了对婚姻的敏感，或者说，故意让自己变得迟钝，以迎合"难得糊涂"的哲学。

老一辈人也经常会劝导年轻人，婚后就要降低标准，睁一只眼闭一只眼，才能把小日子过起来。他们甚至会向年轻人灌输，"婚姻幸福是奢望，婚姻不幸是常态"。

但实际上，这种对婚姻的消极理念，并不适用于现代婚姻，因为现代婚姻中的女性，早已不再处于经济上的从属地位。老一辈人对婚姻和情感的认知、对婚姻的判断，以及他们的婚姻观和幸福观，早已不能代表和指导现代婚姻。

幸福还是痛苦，快乐还是伤心，是一个女性在婚姻中最直接、最真实的感知，不必回避，也不必用任何理由来麻痹自己。女性应该对自己当前的婚姻，有一个清醒的判别：我是否享受我的婚姻？我的婚姻质量如何？是否有改善的空间？

没有人可以影响自己对幸福的判断。如果一个人对幸福的认知，会随着外界的声音而摇摆不定，那么这个人，也许就真的不配拥有幸福的婚姻。

3. 取舍婚姻的能力

取舍婚姻的能力，是"婚商"最重要的体现。在我接触过的案例中，在我周围的朋友里，大致有这样几种对待婚姻的态度与方式。

婚大如天，保全婚姻

她们认为，婚姻是安全感的源泉，是成功的标签。婚内的一切即使糟透了，也强过婚外灵魂的独舞。婚姻，约等于一个人生命价值的全部体现，所以毕生都要为捍卫婚姻而奋斗。否则，失去婚姻，会让自己价值无存。

虽然，她们也会在吵架时、在发牢骚时提及离婚，但也只是停留在想一想或说一说的层面，即使前一秒钟下定了决心，后一秒钟还是会用各种理由，来说服自己回到现存婚姻的"一地鸡毛"里面，不愿意转身离开。

离家可以，离婚不行

她们认为，婚姻是一个人得以在社会行走的躯壳，只有躯壳完整，自身才能安全。不管婚姻如何 "败絮其中"，她们也要对外展示一个看上去很美的 "金玉其表"。

持这种婚姻观的夫妻，通常会达成一种默契：离家可以，决不离婚。她们用婚姻共同对抗外界，即使婚内的感情已经毫无黏性，她们也毫不介意。

离婚可以，不能离家

这是目前一些感情已经破裂，但需要共同养育子女的夫妇，所采取的一种折中方案。

为了让孩子的亲情完整，为了让子女受到的心灵伤害最小化，她们离婚而不离家。一边共同陪伴孩子成长，一边在孩子的成长过程中，寻找适当的机会跟孩子解释，让孩子慢慢理解、慢慢消化。

幸福很大，婚姻很小

可以轻松取舍婚姻的人，仍然是少数。对于她们来说，这是一道简单的命题，拥有一个非常清晰的标准——婚姻的目的是获得幸福。

如果来自婚姻的幸福感大于痛苦，那么就保持婚姻并经营婚姻，以期获得更多的幸福；如果来自婚姻的痛苦大于幸福，并且无力改善，那么就解除婚姻关系，并继续寻找合适的婚姻，或是保持单身。

坚守不幸福的婚姻，会让这种不幸福不断放大，继而变成对夫妻双方和子女的持续性伤害。

传统的 "婚姻坚守论"，让女性在面对问题婚姻时，总是更倾向于"忍辱负重"。结果，委曲求不来周全，幸福却越走越远，问题也越变越尖锐，甚至于酿成悲剧。

在人们的传统观念中，只有男方出轨或者家庭暴力，才是女方提出离婚的正当理由。也只有这样，不幸福才被认可。正因如此，很多女性都会纠结：对方没有出轨，也没有家庭暴力，但我就是感受不到幸福，是我太娇情了吗？是我要求太高吗？我应该离婚吗？

有趣的是，这样的情景会经常出现：姐妹们三五成群地凑在一起，聊着聊着，话题就开始转向"控诉"男人。当某一位的发言引起强烈共鸣时，大家纷纷开始诉说自己配偶的差劲表现。更有趣的是，控诉过后，心平气消，姐妹们又仿佛忘记了刚才的群情激愤，转身又开始筹划"今晚给老公做点什么吃"。

仿佛在群聊过程中，她们就能得到自我救赎。通过群聊，她们也似乎找到了强有力的理由来安慰自己——谁的婚姻不是如此，我的遭遇并不例外，继而找到了某种不可言说的心理平衡感。归根结底，传统的婚姻观和伦理观，对婚姻的意义和价值有比较大的误导，导致女性对离婚成本产生了盲目的恐惧。这也是部分女性"婚商"低、取舍婚姻能力比较弱的根本原因。

高"婚商"的女性，有能力去经营婚姻，感知婚姻的真实情况，也有能力用一颗平常心看待离婚，并勇于面对婚姻的失败，继而勇敢地走出来，创造新的幸福。而低"婚商"的女性，懵懵懂懂地进入婚姻，糊里糊涂地混沌度日，在问题出现后怠于解决，在婚姻恶化后又怯于面对，最后可能还是难逃“被出局”的结果，成为婚姻的牺牲品。

TWO
对婚姻的远观和近瞧

　　一些顺利进入婚姻的女性，就以为自己已经将爱情修成正果，成为人生赢家。实际上，对婚姻一无所知的她们，已经站在了一个随时接受挑战的地方。身在婚姻之中，却不知婚姻为何物，对婚姻的本质认识模糊的人不在少数。大多数人都是在婚姻受挫后，才开始在痛苦中反思婚姻，反思自己的怠于思考和不求甚解。

　　与其事后补课，还不如在婚前就做好、做足功课，做一个对婚姻的有知者，因为对婚姻的认知，并不是与生俱来的能力，而是要靠后天习得。

1. 除去滤镜，洞悉婚姻本质

在未婚时，我们有些女性，被外界教育成了"爱情至上、为爱痴狂"的傻丫头；在适婚年龄时，父母亲友们又开始对我们进行扫盲式现实教育，大力灌输"贫贱夫妻百事哀"的理念。

没有一本教科书，真正去揭示婚姻的本质，阐释婚姻的意义。

那么，婚姻的本质是什么？对于这个问题的思考和回答，是我们现代女性找到人生幸福的钥匙之一。

婚姻的本质之一：生育繁衍

《自私的基因》一书的作者理查德·道金斯认为，婚姻可以保护基因实现更有利的传承。从起源来讲，婚姻作为一种制度，是为了通过专偶制的安排，确保男性能顺利得到血缘上靠得住的继承人。因此，婚姻制度其实是父权社会的一种形态，是一个国家得以产生的原因和意识形态基础。

但与此同时，婚姻制度发展到今天，也开始倾向于照顾女性的利益。例如，为女性的生育权提供了保护伞；保障了孩子可以随母姓的正当性；即使婚姻破裂，对于子女的抚养权、监护权，一般来说也都偏向于女性。

婚姻的本质之二：抱团取暖

人生路，太漫长，我们都需要找一个相拥取暖、风险共担的"合伙人"。对于力量相对比较柔弱的女性来说，这个人生合伙人的质量和品格的优劣，直接决定着余生的幸福程度。所以从古至今，都有"男怕入错行，女怕嫁错郎"的说法。

古代女子的命运，完全系于这个"郎"的身上，因为一旦"嫁错郎"的话，就是死路一条。比如，《红楼梦》中的贾迎春，嫁给"中山狼"孙绍祖之后，求不来休书，只能被家暴至死。而现代婚姻制度，则为女性设置了"嫁错郎"的解决方案——离婚。

婚姻本质之三：利益互补

除了具有维护社会稳定的意义以外，异性之间的利益互补，也是人们愿意结婚的主要原因之一。在封建时代，当女性被束缚于闺阁之中时，婚姻赋予了女性分享男性财物的正当性，而男性则通过与女性合作，得以生儿育女，从而保障了自己的基因得以延续，父权和夫权也进而得到了保障。

随着越来越多的女性在经济上追平，甚至超越了男性配偶时，婚姻中利益的原始平衡开始被打破，而女性的飞跃并没有促成一些男性的改变。因此，男性的婚内惰性和女性在婚内的综合能力逐渐上升，形成了现代婚姻中的主要矛盾之一。

婚姻本质之四：爱情延续

为了爱情而走到一起，为了爱情而组成家庭，是我们大多数人的"婚"路历程，也是现代人在婚恋逻辑上的共识。然而，客观地说，在某些婚姻中，爱情并不是必要因素。实际上，在某些婚姻中，爱情的基础并不深厚，但双方却在其他利益上达到了完美平衡。

这样的婚姻，非但没有因爱情的薄弱而坍塌，反而为婚内双方都提供了足够的安全感与幸福感。

婚姻本质之五：人际网络

结婚，相当于将男女双方各自的社会关系网相互连接，结成了一张更大的人际网络，这就是人们通常所说的"联姻"。在我们国家，亲情和家族观念比较重，这种现象表现得比较突出。人际网络变大、变复杂了，一方面作为网络中人，可以享受到网络带来的优越性，但另一方面，也意味着需要付出更多努力和心血，去平衡各方利益，恰到好处地处理各种人际关系。

在我国，对相当一部分婚姻来说，最大的威胁可能来自于婆媳关系。时代在不断发展，但"家和万事兴"的理念，在家庭伦理中仍然处于主导地位，并且婆家在婚姻关系网中，仍然处于较前沿的重要位置。

　　因此，对于婚姻是否幸福，在很大程度上取决于儿媳妇是否有技巧，是否能妥善处理与婆婆及婆家的关系。如果碰巧男方的背后是一个庞大的家族，那么如果儿媳妇想获得婚姻幸福，往往连小姑子、小叔子，甚至妯娌们的评价都不敢小视。因为，一旦他们的情绪没有被照顾到，他们的需求没被满足，就会将负面评价散播在大家族的人际网络之中。

　　如此说来，从夫妻小两口，到双方家庭成员，经营一个婚姻，就相当于要经营十几口人，甚至几十口人的口碑。这对于任何女性来说，都是一个不可小觑的挑战。

2. 婚姻中的底线思维

从事情感疗愈工作多年来，很多女性客户都问过我，究竟什么样的婚姻是可弃而不可惜的。我给她们的回答都是：挑战你的底线，经过努力后依然不可逆转，也无法改变的。

不少客户说："我的丈夫并不是渣男，他没有出轨，没有家暴，也不酗酒、不赌博、不吸毒，但我们的婚姻却过成了'渣婚'，日子越过越'渣'，双方都越来越疲惫，越来越失望。究竟是为什么呢？"

我认为，所有不成功的婚姻基本上都可以分为三种情况：一是双方价值观偏差太大，二是原生家庭越界搅局，三是性生活方面存在严重障碍或不科学。其中，价值观偏差始终高居离婚原因的首位。

在旧时的婚姻中，夫妻双方"三观"不一致的可能性相当微小，一方面因为女性受教育程度低，很难发展出个性化的价值观；另一方面，社会总是鼓励女性应该从属于丈夫，要压抑自己的天性，压抑自己的需求。现代社会有了多元文化的土壤，女性的活动范围和认知层次也在随着自身努力而不断提升，如果夫妻双方成长的差距过大、发展的方向南辕北辙的话，就失去了共同经营婚姻的环境条件和心理需求。

其实，我们通常所说的婚姻中的"变心"，就是指一个人因为价值观随着经历的不同而发生了改变，喜好、品味和行为方式也都随之发生了改变。

陈世美高中状元、被招为驸马之后，他的所见所闻与视野格局，与当初的一介穷书生相比，可谓天差地别。原有的"三观"被颠覆之后，即使陈世美再硬着头皮去接纳秦香莲，二人也不可能恩爱如初了。当然，这并不能"洗白"陈世美贪图荣华、杀妻灭子的恶行，但是任何形式上的见异思迁，都不是朝夕之间的情感骤变。

为什么从古至今，婚姻都提倡门当户对呢？因为背景和经历相似的两人，通常会拥有相近的"三观"。但婚姻是一场比肩而行的长跑，相同的起点并不能保证两个人能够在全程互相照应，直至终点。如果途中两人的距离越来越大，落后的人只能望着对方的背影无能为力；如果步伐太快的人也不懂得回身拉一把，或不愿意原地等待，那么两人就只能各奔前程、分崩离析了。

在热播剧《我的前半生》中，罗子君和陈俊生的婚变，就源于夫妻双方的"三观"渐行渐远，以致于彼此再也看不到对方的内心深处，感知不到对方的需求。陈俊生满眼看到的都是罗子君逛街、美容、死缠烂打，根本看不到她养育子女的辛苦，也忘记了她曾经为家庭做出的贡献和牺牲。罗子君把陈俊生说过的"你负责貌美如花，我负责赚钱养家"视为不变的承诺，却觉察不到时过境迁、人心思变，更顾及不到他内心的孤独和对灵魂伴侣的渴求。

我有一位客户是神经内科的主任医师，名叫小裴（化名），我们曾经进行过一次关于"渣婚"的深入探讨。她说自己在婚姻里，越来越痛苦，越来越想逃离。具体说起来，她的小家庭内部也没有什么惊天动地的问题和变故，但是她和丈夫之间，与其说是夫妻，倒不如说是形同陌路。

他们之间，几乎是全方位零交流。语言交流，少得可怜，身体接触，则完全没有。结婚十年了，性生活从新婚时的巅峰，走到了现在的山穷水尽，他们彼此之间的互相关注，也越来越稀薄，以至于小裴经常感觉不到自己还有个丈夫。她丈夫很少回家，即使回家，也很少与小裴和女儿互动。他从来不碰家务，偶尔会问及孩子的情况。丈夫一问，小裴一答，就像听取下属汇报一般，丈夫在家里充当着领导的角色，而小裴是述职的员工。

我问："他像这样有多久了？"小裴说："记不清楚从哪天开始的，好像日子慢慢就变成这样了。"

小裴说，她一开始还尝试过沟通，希望对方能和她共担家务、共同育儿，希望他能顾及自己的感受，保持夫妻之间的互动。但每次她试着沟通，丈夫都摆出一种匪夷所思的表情，认真地说："你这不是没事找事吗？谁家的日子不是这么过啊？"

更让小裴欲哭无泪的是，每次小裴和丈夫沟通后，小裴的婆婆都要出现，对小裴现身说法。婆婆总是拿自己为例，苦口婆心地教育小裴："女人啊，不能作。女人作，日子就没法过。你看看我，一辈子都奉献给家庭，从来都不抱怨。只要老公不出轨、不家暴、没有恶习，女人应该感恩戴德……"渐渐地，小裴放弃了沟通。一方面，她太累了，不想浪费精力去做无用功；另一方面，她都习惯了家里没有丈夫，反而是丈夫不定期地回家，会让她感到不自在，觉得家里有不速之客闯入。

小裴问我："他是不是出轨了？"我说："他是否出轨，并不重要。重要的是，你的丈夫像是在奋力守护他理想中婚姻的样子。也就是说，他完全不想改善。目前的状况，就是他想要的婚姻，而你在这个婚姻中，已经快要窒息。"

于是，我问了小裴几个问题："你觉得，以你之力，能改变你丈夫目前对婚姻的态度吗？你觉得，这段婚姻，弃之可惜吗？你觉得，没有这个丈夫，你的生活会变差吗？你觉得，没有这个丈夫，你又要工作，又要带孩子，在经济和精力方面，会不堪重负吗？"

小裴认真想了想，给出的都是否定的回答。于是，我说："速战速决。再努力沟通一次，直接亮出你的最终态度，如果还是不行，你就不要再硬撑了。"

像小裴这种情况，日子越过越"渣"，其实就是夫妻的价值观念偏差露出了獠牙。如果你在婚姻中越过越痛苦，越过越疲惫，越过越失望，如果你感觉，配偶在婚前和婚后的反差越来越大，说明你可能从一开始就上错了花轿、嫁错了郎。

热恋时，你们卿卿我我，掩盖了双方的价值观偏差，婚后的每一天，随着激情的一点一点退却，凉薄的气息也一点一点增加。尽管你知道，婚前婚后会有落差，那些奉劝你婚后知足常乐的忠告，你也已经接纳，尽管你已经做足了心理建设，但你还是没料到，从"情侣"到"配偶"的变身，反转会那么巨大。

你以为，婚后的配偶至少应该是下面几种角色。

最谈得来的朋友。他即使不会再像婚前那样细心温柔，但至少还会倾听你的感受，还会照顾到你的需求；他即使不会再像婚前那样俯首贴耳，但至少你们对事物的看法还是有默契、有共鸣的，至少你们对生活的目标还是一致的，至少你们在生活中，还是互相关心、互相认同的。

最好的合作者。即使婚后的你们，不再像婚前那样如胶似漆，但至少在生活中还应该有商有量、互相扶持，至少在家庭建设中，应该分工合作、同甘共苦。

坚强的家庭支柱。婚后的他即使不再是疼爱有加的护花使者，但至少仍然是一个成熟上进的男人，乐于参与家庭中的大事小情。

有爱心的"孩儿他爸"。婚后的他即使还会稚气未脱，像个孩子，但至少会伴随着小生命的到来，而努力尝试做一个爱孩子的父亲。即使婚后的他不擅长做家务，粗手笨脚，但至少会呈现出一种正向积极的心态，在你哺育宝宝忙乱无助时，他会努力伸出援手。

然而，你最终发现，你嫁的这个男人，在婚内的不作为已经超出了你的想象，让你陷入了失望和癫狂之中。他居然变成了下面这样的角色。

最不愿意倾听你的人。婚后，他再也拿不出足够的耐心去听你"啰嗦"。你撒娇，他觉得你矫情；你讲理，他觉得你纠缠；你解释，他觉得你狡辩；你抱怨，他觉得你胡闹……他心情好时，会给你摆摆大道理，证明你的幼稚、感性、不懂事；他心情不好时，你的任何发声，都是对他的搅扰……

最冷漠的"房客"。他每天以工作忙为由早出晚归，家务不沾，孩子不管，把家当旅馆，享用免费的食宿和温暖，满口是"为家打拼的累啊倦啊"，实际上满脸都是对家庭和妻儿的不耐烦……

无须买单的既得利益者。你是妻子，你是孩子妈，你是家政，你是物业，你是保姆，你是勤杂工，你是家里所有问题的解决者，而他一般只负责在"消费"之后进行评价。你默默奉献，他默默索取；你默默付出，他默默享用；你默默垂泪，他默默打鼾；你默默憔悴，他默默发福；你想离婚，他却说"谁家的日子不是这么过的"。

他们不家暴、不出轨、不酗酒、不赌博、不吸毒，他们觉得自己没有什么缺点，但他们身上的负能量，却足以一点一点地敲碎婚姻大厦的地基。

在小裴的案例中，男方原生家庭对夫妻关系的干预，也是让婚姻质量更加每况愈下的导火索。在中国传统的家庭伦理生态中，最为敏感的一环便是公婆、儿媳和丈夫这个三角地带。这个地带也是婚姻之船航行到某个阶段时，最容易触礁的地带。有的婆婆作为丈夫的母亲，没有在下一代生活中退后的意识，对儿子的小家庭总会有或多或少的干预；丈夫作为婆婆的儿子，在父母面前没有独立决策的能力，依然享受着母亲代劳的惯性。

婚姻终究是两个人的，你与婆婆之间，隔着与你朝夕相处，并要共度一生的男人。虽然人们常说"妻子是丈夫的学校"，但是为了培训一个合格的丈夫，一个女人通常需要努力一生。

除此之外，在小裴的案例中，夫妻之间的生理厌恶也让婚姻失去了向好的希望。对于女性来说，生理厌恶是最诚实的情感标识。张爱玲说，通过胃，可以到达男人的心；通过阴道，可以抵达女人的心。这赤裸裸的语言，残酷而直白。

不可否认，有些无性婚姻，在特殊背景下，有其存在和持续的合理性。但是，性生活对于正常夫妻而言，仍然是最能够表情达意的肢体语言，如果性生活形同虚设，婚姻就会像一个失魂落魄的人，没有精气神。优质的性生活，不一定能够保障优质的婚姻，但劣质的性互动，或无性的婚姻，就像那贫瘠的土壤，更容易埋藏各种隐患。

我对小裴说："其实，在你们的婚姻中，爱情的因子已经渐渐消亡，但亲情似乎又没有滋长出来。双方都已经麻木，却又无力改善，精神暴力成了唯一选项，已经不具备坚持下去的意义了。你的丈夫，其实他也并不喜欢这样的婚姻，然而他从父母那里承袭了对婚姻的错误认知和生活习惯。另外，他也并不具备赋予这段婚姻新生命的能力。不管他是否出轨，你对他的爱意已经消磨殆尽。他不再懂你，你也不再需要他，还不如放手便好，一别两宽。"

3. 痛苦中的破局思维

离婚，到底有什么大不了呢?

如果这个问题在人群中当面问出，一定会遭到很多白眼，所以我选择了在文字中详细论述。从法律层面讲，婚姻是一纸契约，任何契约都面临三种选择：一是无条件履约，二是在双方协商后加以修正或补充，然后继续履约，三是在一定条件下解约。

几乎所有的爱侣在婚礼现场都抱定了厮守一生的决心，但当日子过着过着似乎变成不平等条约时，协商解约是一件再自然不过的事情。对于离婚这件事，中国女性分成了两个鲜明的阵营，对于生活在大城市、学历层次较高、思维结构和价值观念更加独立的女性而言，不行就离是一个对双方都负责的选择，而另外一些价值观念比较保守的女同胞们则依然苦守着痛苦的婚姻，奉行"一忍再忍，实在不行再离"的婚姻策略。

幸福的婚姻总是相似的，不幸的婚姻却各有各的不幸；离婚的理由各有不同，而坚守不幸婚姻的理由却千篇一律：怎么过都是一辈子，再找一个可能更差；孩子不能没有爸爸，孩子需要完整的家……于是，多少鸡飞狗跳、充满戾气的家庭还在争吵中持续，有多少横眉冷对、剑拔弩张的夫妻还在"相看两厌"中坚持。

我有一位女闺蜜，她婚前要风得风、要雨得雨，是一个颇有才情的文艺女青年。婚后，她的丈夫和婆婆结成了攻守同盟，对她的"小资文艺范儿"联手进行改造，意欲培养出他们心目中的"温良恭俭让"，结果遭遇了闺蜜的坚决抵抗。闺蜜的儿子长到七岁时，突然哭着对父母说："求求你们离婚吧！我受够了！"闺蜜当时已经把自己变成了一架凶悍的"战斗机"，整日在家中处于一级战备状态，但当她听到儿子的哭诉时瞬间瘫软。七年的打斗已经把家庭变成了硝烟弥漫的战场，而无辜的儿子则在战火中成长，已经成了需要被拯救的"大兵瑞恩"。如今，已经离婚的闺蜜争取到了孩子的抚养权，又开始了充满"诗和远方"的生活，而那个整天在"乒乒乓乓"打斗中长大的孩子，脸上终于有了开朗的笑意。

李敖在《透露婚姻潜规则》中说，婚姻就像黑社会，"没加入者不知其黑暗程度，加入之后又不敢坦露实情，侥幸逃出来的尚且来不及保命又何敢多言，所以真相内幕永远只有亲身经历才能真正准确地领悟"。当然，怪才李敖对婚姻的认知自有他的特殊成因和文人的夸大其词，但不得不说，一段错误的婚姻确实有其残酷的一面。

幸福婚姻中的女性，不会因为不堪忍受生产之痛而跳楼；幸福婚姻中的女性，不会因为伴侣和公婆在产后的冷漠而携子自杀；幸福婚姻中的女性，甚至不会知道产后抑郁为何物……在这些悲剧的背后，不幸的婚姻才是罪魁祸首。婚姻不是儿戏，但也早已不再是女性人生的全部。虽然离婚伤心、伤身又伤钱，但对于不幸婚姻中的女性来说，离婚不但是一种自我救赎，也是找回自我的途径，更是让自身重聚能量、重新振作、重新认识世界的一个转折。

我们不鼓励离婚，只是希望女性朋友能从不幸的、痛苦的婚姻中走出来，去勇敢追求更美好的幸福。在婚姻中，女性的惰性体现在懒于用脑思考，男性的惰性体现在懒于动手劳作，所以有些女人在家庭中一边被"大男子"们洗脑，一边拼命操劳。越是视野狭小、不能独立思考的女人，对离婚的反应就越像惊弓之鸟。

从某种意义上说，离婚相当于一个经济共同体的瓦解，所以离婚会有一定的经济成本。但从财产分割的角度来讲，在通常情况下，都是夫妻财产平均分配，如果一方有赌博、家庭暴力、出轨等过错，财产的划分将会偏向于无过错方。这些离婚成本，基本上不会因性别而有所差异。

数千年来，从离婚无门，到"好人不离婚，离婚没好人"，再到"没有感情的婚姻是不道德的"，公众对于离婚的态度演变，已经经历了一个漫长的过程。社会对于离婚的态度，比过去宽容了许多，尤其是对那些遭遇了对方出轨或者家暴的一方，更是给予了很多同情，支持他们挣脱不幸福的婚姻。

几年前的热播电视剧《离婚律师》中，有一句经典台词，折射出当今社会对于离婚女性的理解——离婚是为了离开一个不值得爱的男人，这不是咱们的损失，是他的损失，因为他永远失去了一个爱他的女人。只有离开一个错的人，才能遇到那个对的人。

老人们说："离婚在过去是一件极不光彩的事，不但会被人指指点点，甚至在单位分房、工作升迁及人际关系方面都会受到影响。"而今，随着社会宽容度的增加和公众个人素养的提升，离婚的社会舆论成本和个人名誉成本有了显著降低。与此同时，婚姻法律制度的不断完善，也让人们对于离婚的结果，有了更清晰的预期。

实际上，对于女性来说，离婚确实要白白付出一些隐性成本。《青年周末》曾刊载过一篇文章，题为《成功易婚变，中国男人离婚成本低》。该文章指出，在中国，离婚对女性造成的劣势显而易见。表面上是"男主外，女主内"的分工模式，实质却是"男女共同主外挣钱，女性独自理家主内"，女性在婚姻中的许多付出，在离婚时都难以计量：为哺育孩子而忍受身体病痛、身材走样；为经营家庭而牺牲事业、失去社会竞争力……而离婚时，有些女性得到的可能只是一张离婚证书和"男人隐瞒财产后所分得的一半财产"。

全国妇联和国家统计局于 2011 年发布的第三期中国妇女社会地位调查数据显示，在 72.7% 的家庭中，妻子承担的家务劳动更多，三岁以下的孩子基本由家庭承担照顾责任，其中母亲承担日间主要照顾责任的比例为 63.2%。家务缠身导致女性的社会竞争力大大减弱，离婚时从事较多家务劳动的女性，又不可能就其劳动得到补偿。

虽然我国《婚姻法》对于家务劳动的补偿做出了规定,但有一个前提,即"双方签订了婚内财产约定,且财产约定中明确各自收入归各自所有"。《妇女权益保障法》也规定,"女方因抚育子女、照料老人、协助男方工作等承担较多义务的,有权在离婚时要求男方予以补偿"。然而,"付出较多义务"是一个模糊概念,难以计算,也无法举证。

女性对婚姻付出得越多,自然对婚姻越难以割舍。然而,多数女性对婚姻难以舍弃的最主要原因,并不是对付出多少的计较。相当一部分女性对离婚最忌惮的,是离婚后的"悲惨下场"。婚姻难道不是人生的唯一出路吗？离婚后会像"孤魂野鬼"一样苟活吗？我的孩子怎么能接受没有父亲的生活呢？我只是一个普通女人,失去婚姻等于失去了一切,我的晚景将会多么凄惨！我会孤独终老吗？我会孤独死去,无人知晓吗？这些杞人忧天的可怕的问题,就像一个个沉重的负担,压在很多女性的心头,让她们在纠结与恐惧中忍受痛苦的婚姻。

在亦舒的小说《我的前半生》中,女主角30多岁的年纪,接受过大学教育,居然会因为要面临离婚而倍感狼狈不堪,整日为后半生无以为继而以泪洗面。由此可见,很多女性对离婚的恐惧,是缘于她们坚信,离婚会摧毁她们的前途,让此生无望。这便是"想象成本"的杀伤力,而这些想象中的离婚成本,是传统、文化、教育、环境和舆论等拧成的一股合力。

曾经有两个客户先后来问我："如何才能摆脱离婚的痛苦？"此

时，其中一位已经离了婚，另一位还在离婚拉锯的过程中纠缠。她们都是独当一面、叱咤商海的精英女性，但遭遇离婚时，都哭得像一个委屈的小孩。我感谢她们信任我，向我展示脆弱，我告诉她们："离婚的痛，主要源于生活惯性被打破后的兵荒马乱。"

幼年时的我们最怕失去，弄丢一个心爱的玩具时，都会觉得天要塌了。因为那个娃娃，是我们的整个世界，娃娃每天陪伴着我们。最心爱的玩具是常态的存在，会让我们安心。如果突然有一天，娃娃不见了，那么心灵该何处安放？于是，我们痛哭，以哀悼那个失去的世界。

当我们渐渐长大，眼界慢慢拓宽，我们的世界里来往的事物就会变得越来越丰富繁杂，此时的我们，哪还有闲暇为一个失去的娃娃而哭泣？然而，在离婚痛苦中泪眼婆娑的女性，就是那个曾经为丢失娃娃而嚎啕的小女孩。对常态的固守和依恋，是离婚后痛不欲生的主要原因，因为常态被颠覆，新的惯性还没能重建。

在传统文化中，离婚恐惧对女性的影响，于无形之中贯穿其一生。从幼年时代起，社会舆论就开始对女子进行教化。安徒生童话也好，一千零一夜也罢，都在向女孩们娓娓诉说：美丽的女孩被王子拯救，从此过上了幸福的生活；如果没有王子的垂青，灰姑娘的日子将永远水深火热。

但童话并没有说清楚，结婚后的幸福也会变质，一段开端完美的婚姻也可以完结。于是，结婚被直接等同于女子的幸福人生，而一场盛大的婚礼就成为多数女孩的人生终极梦想。这种言过其实的误导，透露着一句潜台词——没有婚姻，便没有幸福可言。

所以，离婚对于多数女人而言，不止意味着婚姻关系的终止，更是一种信念的溃败，一个从童年到成年一直仰望的虚拟幸福城堡的轰然崩塌。不仅如此，有些社会舆论也一直在齐心协力地宣扬挽留婚姻的观点，让离婚在张家长李家短的街坊议论中变成了惊悚噩梦，让离了婚的女人，变成了最值得同情的悲剧主角。虽然"嫁鸡随鸡，嫁狗随狗""生是夫家人，死是夫家鬼"的年代已成历史云烟，但"宁拆十座庙，不破一桩婚"的观念，还在顽固地显示着存在感。

面对婚变，能冷静地计算离婚成本的女性很少；离婚后，能淡定从容、泰然处之的女性，则更少，因为大多数人都把离婚与幸福的逻辑搞反了。离婚，不是不幸的结果，而是逃离不幸婚姻的途径；离婚，也不是错误的后果，而是纠正错误的措施和机制。对于一段无药可救的婚姻，离婚本身就是一件开心的事。这不是故作轻松，而是客观描述。

我对沉浸在离婚痛苦中的客户说："离婚，就像开车走错了路，调个头就好。在生命长途中，这不过是一件平常事。有不少女性，因为调头找对了方向，离婚反而变成了人生的一次华丽转身。"

4. 婚恋的固有格局正在悄然变化

前不久，有一位客户郑重地向我提出了一个值得深刻思考的问题：女大男小的婚恋会长久吗？因为这位客户最近也坠入了"小鲜肉"的情网之中，感觉还不错，可等到结婚一提上日程，她却犹豫了。作为一些人眼中的"大龄剩女"和"小鲜肉"眼中的"优质熟女"，在女性择偶观向多元化发展的拐点时期，她的迷茫代表着相当一部分女性的内心困惑。

"男小女大"的婚配模式，从男性视角看到的是女人择偶的空间越来越大，但实际上，女性择偶观的改变是时代发展的必然。有数据表明，1990 年，"男小女大"的婚姻比例仅占 13.32%，而如今这个比例已经达到了 40.13%。对于女性而言，"嫁汉嫁汉，穿衣吃饭"的观念，已经失去了现实意义。我在周边的朋友中也做过一个抽样调查，在 10 对夫妇中，传统"男大女小"的婚姻有 6 例，"男小女大"的组合有 4 例，极其符合大数据的比例。在"男大女小"的婚配中，妻子的幸福指数只有 30%，在"男小女大"的婚姻中，妻子的幸福指数居然高达 80%。当然这个抽样调查的样本规模比较小，多样性也不够明显，会存在着一些偏差，但是这丝毫不会影响我们对"男小女大"婚姻模式的乐观态度。

在"男小女大"婚姻中，男方发自内心的真诚温柔和对女方的尊重欣赏，以及他们自身阳光向上的精神追求，都让女方对爱情和婚姻，于一片叹息中有了新的寄望。他们年轻有为，充满活力；他们善于形象管理，不肥胖，不油腻；他们尊重女性，没有年龄歧视，懂得欣赏"熟女"；他们温柔体贴，在婚恋中没有大男子主义。

《非诚勿扰》栏目的主持人孟非曾经讲过，"维系一个婚姻有三个重要的因素：爱、钱和性"。如果一个婚姻具备全部这三个因素，那么这个婚姻就可以创造非常幸福的家庭；如果只具备两个因素，那么这个婚姻中可能会存在一些问题，但还可以通过两个人的努力去改善；如果仅存一个要素，甚至一个都没有，那么这段婚姻将很快遭遇滑铁卢。当一个女性，在经济上完全依赖伴侣时，她的性和爱，也必然要仰仗对方的好心施予。此时她的幸福，就彻底掌握在男人的手中。

当代女性越来越清醒地认识到，单向讨要宠爱，不利于一段婚恋关系的长久发展。宠溺，不应该是男性对女性的单一行为，女性也应该创造条件，学会宠爱自己，并宠爱男性。因此，随着女人拥有了自立自强的基础，她们的择偶观自然会从依附转变为"随心"，听从内心和爱的召唤。

我对那位客户说："经济基础决定上层建筑，你需要认真审视一下自己。你嫁给大叔也好，嫁给'小鲜肉'也罢，真正自信的女人，从不给自己的爱情和生活设限。如果你在物质生活上并不欠缺，如果你拥有自我强大的信心和底气，那就大胆去爱吧，不管男大女小，还是男小女大，都各自有其危机，也各自有其生活的甜蜜。年龄不是重点，只要找对了人，危机会自然化解，也不必在意外人的看法，自身的幸福不需要别人来定义。"

尤其值得一提的是，在逐渐上升的"姐弟恋"中，初婚男性和二婚甚至多婚女性的搭配，占据了一定的比例。越来越多的新生代男性已经摘下了有色眼镜，不再用"是否有过失败的婚姻"作为评判女性的标尺。相反，有过婚姻的女性，或者经历过失败婚姻的女性，反而会因为懂生活、知进退而被更多男性所珍视。

以伊能静和秦昊的婚姻为例，他们的故事，可谓为"姐弟"幸福婚恋的课堂树立了一个令人羡慕的典型。

伊能静和秦昊最初相识在一个聚会上，瘦瘦美美的伊能静让秦昊一见倾心。但婚恋观比较传统的伊能静对秦昊却有很多顾虑——年龄差距大，她大他九岁；她离过婚，还有一个不再年幼的儿子。但秦昊不在乎，也没放弃对伊能静的追求，为了打消伊能静的顾虑，他直接提出了结婚。秦昊很睿智，虽然当时伊能静的知名度比他高很多，但他认为强与弱会互相转化。果不其然，短短几年间，秦昊就成为很受欢迎的文艺片男演员，还拿了三个影帝，在事业上开始反超伊能静。虽然能量此消彼长，但幸福却始终在两人之间徜徉。

伊能静对于自己和秦昊的婚姻，给出了一个极其文艺的评价："我和秦昊有很相似的对生命的审美。"而秦昊说："好的婚姻就是要保持它原先的那个能量、那个东西，不要改变它。"

罗素说，世界多元复杂，爱也参差多态。还有很多纠结的、犹疑的女性，她们年少时被固化了思想，年轻时被痛苦的婚姻辜负，历尽沧桑之后，终于遇见了爱情，但却顾虑重重，回避或躲闪那迎面而来的幸福，觉得自己没资格、配不上。过去的经历从来都不是爱的障碍，唯有故步自封与恐惧才是。每个女性都可以活成一个"熟龄少女"，即使到了 40 岁、50 岁……也可以热情勇敢地去拥抱爱情，拥抱新的婚姻。

THREE

婚前，要戒除依赖

我们年轻时都认为，能够与所爱的人结婚终老，会永远幸福下去，就像冯骥才在《择一城终老，遇一人白首》中描写的那般。

择一城终老，遇一人白首。挽一帘幽梦，许一世倾城。写一字决别，言一梦长眠。我倾尽一生，囚你无期。

择一人深爱，等一人终老。痴一人情深，留一世繁华。断一根琴弦，歌一曲离别。我背弃一切，共度朝夕。

但诗情画意包裹下的婚姻，只适合吟诵，却不可当真。

实际上，婚姻生活中的艺术成分很少，柴米油盐、养儿育女、奔波劳碌、争吵哭泣……这些才是婚姻生活的主要内容。当然，这其中肯定充盈着爱的美好和良善，但同时也会有人性的自私和恶意。

钱钟书在小说《围城》中说，"婚姻，仿佛是一座被围困的城堡，城外的人想冲出去，城里的人想逃出来"。其实，一个一心想冲进城去的少女（或者心态上的少女），如果不在婚前做足必要的功课，恐怕就会在围城里吃到太多苦头。

公主不适合进入婚姻，因为现实生活中不会有王子等待。公主心过于娇怯，因为里面全部是诗和梦，没有现实的轨迹，也没有两性长期相处的逻辑。其实，对于女性而言，婚前的所有准备和修炼，都指向一个目标——戒除依赖。

1. 戒除精神依赖，保持人格独立

著名艺人金星曾说："一个女人，如果在物质上不依赖男人，精神上也不依赖男人，还要男人干什么呢？"她的本意是说，很多男人在选择配偶时，既不希望物质上被依赖，又不想在精神上被依赖，那么这可能就是男人苛刻自私的表现。

但从另一方面来讲，女性对配偶的过度依赖，确实是女性对婚姻更加眷恋、更加执着固守的主要原因。同时，这也是在婚姻破裂时，女性往往更加受伤的原因之一。

女性对另一半的依赖，除了基于性别的生理原因之外，更是文化、传统、教育和社会舆论综合作用的结果。恋爱科学告诉我们，由于荷尔蒙、多巴胺、内啡呔等俗称"爱情催化剂"的化学物质，在男女体内的分泌周期不一致，男女双方对另一半的精神和情绪依赖，也呈现出不同的走向。

男性在恋爱初期，会对对方爱护备至，但一旦笃定地确信对方也爱上自己之后，他们就会把爱情的渴望转化为相互信任，继而会再度回到外面的世界，寻求其他成就和进步。而女性在恋爱初期，对对方的依赖性通常不是很大，但随着交往程度的加深，她们对爱情的渴望会越来越高，对浪漫的追求会越来越强。这种情况，可以一直持续到婚后数年。

除此之外，从一个女孩子呱呱坠地开始，她便面临着无处不在的"公主王子"的童话故事，心里就默默种下了"爱情好伟大，婚姻是归宿"的价值观念。再加上"干得好不如嫁得好""灰姑娘要靠白马王子去拯救"等社会舆论的影响，女性对婚姻的渴望和依赖，从幼年时期便开始萌芽，到了适婚年龄时，已然根深叶茂、无可逆转。

相反，在传统文化中，关于"女性自立自强、女性人格独立、女性关注自我"等内容，却有大片留白。多数女性只能在婚姻的挫败之中幡然醒悟，在遭受现实打击之后补上这一课。

张幼仪的侄孙女在《小脚与西服》这部传记中，讲述了大家闺秀张幼仪，在被民国诗人徐志摩抛弃后，如何幡然觉醒、奋发图强的励志故事。在大众的认知中，在林徽因、陆小曼和徐志摩的浪漫故事中，张幼仪不过是一个小小的配角，因为前三者的名气过大，以至于张幼仪后期在商业上的卓著成就都被忽视了。不得不说，这是一个遗憾。

张幼仪有着显赫的家庭背景，其祖父为清朝高官，二哥是民国时期的政治家，四哥更是梁启超的挚友，当时曾任中国银行总裁、国民政府铁道部部长。而徐志摩能拜在梁启超门下，也蒙恩于张幼仪的家庭。酷爱读书的张幼仪，渴望成为新时代的知识女性，在家道中落时，她也毅然坚持去学费便宜的女子师范学校读书，并且成绩优异，颇受老师的器重。后来，本以为可以继续读书直到毕业的张幼仪，遭遇了她的"人生转折"——嫁给了徐志摩。接下来的故事，便为世人所熟知了。

张幼仪被迫中断了学业，听从家人的安排，嫁给了当时暗恋着林徽因的徐志摩。新婚之夜的沉默无言，出国伴读的孤立无援，被迫打胎的绝望，离婚独处异国的无助，甚至幼子的夭折……一个一个打击接踵而至，但是张幼仪对徐志摩的百般迎合，只换来了丈夫的冷漠和人格侮辱。

张幼仪处于新旧交替的年代，虽然没有像同时代的女人一样缠足，但还是一直深受传统礼教的影响，笃信克己复礼。她尊从长辈，信守礼数；她安稳于徐家，一心侍奉公婆；她执着等待着并不常回家的丈夫，接受传统家庭生活的命运安排，逆来顺受。

在徐志摩提出离婚的初期，张幼仪好像一下子失去了自我，她甚至想过为了不离婚、保住正室的地位，甘愿接受徐志摩纳妾。可是，当徐志摩不顾她的死活，要求她打胎的时候，当徐志摩不告而别，让朋友捎口信提出离婚的时候，她终于被惊醒了。

张幼仪开始重新找回自己、反思自己。她去德国留学，并用几个月时间便学会了德语；她归国后继续努力，在出任女子银行副总裁的同时，还聘请家庭教师补习国文文学；她投资股票市场，为自己挣得了一大笔财产；她在服装行业游刃有余，为自己在商业领域争得了一席之地……

从养在深闺人未知到商场女强人，从依赖夫君求怜惜到自立的女性，张幼仪终于完成了自我救赎。然而，世间的故事并不都是这么励志，对于有些女性来说，她们还没等到独立的人格被唤醒，就已经为此付出了代价，连补课的机会都没有了。比如，那些在婚内屡被家暴但仍不愿离开，一直忍辱负重的女性。

2016 年 8 月，留学英国的 24 岁姑娘小毕（Bi Xixi），被英国男友乔丹暴力殴打而离世。据英媒报道，小毕和乔丹同居期间，女方要支付几乎所有的费用，还经常为男友购置昂贵的礼品。但同居后不久，乔丹就显示出极强的嫉妒心和控制欲，并开始对小毕进行暴力管制和人格羞辱。小毕的硕士学业因此而受到了严重影响，无法正常上课，还因此延迟毕业，而乔丹的职业只是卡迪夫一家酒吧的服务生。

小毕，一个家境优越、见多识广的姑娘，为什么会深陷在一段病态的恋爱中而不能自拔呢？为什么在屡遭暴力后，仍不愿离开呢？就是因为小毕对男友有过度的精神依赖，她宁愿承受一次次暴力殴打，也不愿承受分手后的失落和恐惧；她甚至可以失去生命，但不能失去这段感情。

在日常生活中，我们时常可以看到一些明星、名人被家暴的传闻，比如天后级歌星惠特妮·休斯顿、流行女王蕾哈娜，还有知名影星翁虹、贾静雯，以及网红宇芽……她们当中，哪一个不是实现财务自由的精英女性？但为什么她们还要在屡经家暴、生命受到威胁之后，才不得不选择离婚自保，并将家暴行为公之于众？

我的答案是：对婚姻坚守的执着，对自身名誉的珍惜，对男方转变的期待，而在这几点之后，其实还有一个隐藏的原因，可能是她们的精神还不够独立。

初生的婴儿总需要借助一个精神安抚物才能找到安全感，比如奶嘴、玩偶，或是一个柔软的小毛巾、小枕头……只有叼着奶嘴，抱着玩偶，摸着小毛巾、小枕头，她们的内心才有所依傍，这个世界才变得安全。

成年人的内心世界也有类似的需求。有些女性会在内心深处反复自问：一个经常打我的男人，也要好过没有男人吧？一个充满家暴的婚姻，也要好过孑然一身吧？一个幸福美满的假象，总好过被人鄙视和指点吧？物质的丰盈没有撑起精神的疲弱，学识的渊博也没有赋予她们自信的底气。婚姻，就是她们内心得以安宁的安抚物。

任何情感模式，都是通过男女双方的互动发展而来的。一个不会独舞的灵魂，没有审视彼此关系的能力，也没有反驳对方的自由。所以，对着这样的女性，家暴者总是可以无耻地叫嚣："你优秀又能怎么样？再优秀的女人，我也敢打！"

在几千年的封建社会中，我们一直有极端崇尚男权的文化底色。小时候，我们会经常听到"打是亲，骂是爱，不打不骂不恋爱"的口头禅。在蜚短流长中，王家的媳妇又被打了，李家的浑小子昨晚又揍他老婆了……即便是现在，在一些地方，那些隐匿于普通民众中的家暴，也仍然透着寻常百姓家的烟火味，被一些人司空见惯。

我曾经认识一个"家暴男"，而且在了解他的丑闻之前，我们还算是朋友。他对人热情友善、落落大方，因为我认识的精英女性比较多，他还曾经拜托我给他介绍女朋友。他的征婚启事写得干净利落、文采飞扬：

我叫某某，今年35岁。我是一名外科医生，凭着自己不懈的奋斗，在上海拥有三套房和一辆车。我不嗜烟酒，爱好健身。我相貌端正，嫉恶如仇。我因遇人不淑，有过两次失败的婚姻，尚无子女。但我仍然热爱生活，相信爱情。虽然我从事的是现代医学，但我骨子里是一个传统男子。我喜欢研读历史，喜欢从源远流长的中华文明中汲取信心和力量。

我要寻觅的她，要是一位传统淑女，气质如兰。柔顺可以弥补美丽，健康可以弥补学识。最重要的是，在她的幸福观中，要以爱情至上为信念基础，要相信爱情的力量。我不介意她的财富、才干，以及社会地位优于我，因为我深知，她的优秀会映射出我的优秀。

这则征婚启事，字里行间透着中正豁达的男性魅力，帮他赢得了很多优秀女性的好感。后来，通过我帮忙，他找到了一位心仪的女士，不久便步入了婚姻的殿堂。这位女士非常优秀，是一位学术和商业领域的双料人才，有自己的专利和自创品牌。

然而，就在婚后两个月，无情的家暴开始了。无征兆，无原因，从小幅度的动手，到激烈的踢打，后期更是发展至捆绑殴打。要不是有一个阶段她的伤势太重，无法出门，严重影响了公司的经营，她仍然不会将家暴公之于众。知道消息后，我极其内疚，因为毕竟我是这段婚姻的媒人，但这位女士对这段婚姻的留恋，对家暴的不断妥协，也着实让我震惊。

她说："我还爱他，所以我希望他能够为爱收手。"我说："他知道你爱他，所以他希望你以爱的名义接受所有的虐待，甚至承担生命的风险。"

不是吗？回想那则征婚启事，我感到毛骨悚然。他满世界寻找着适合被家暴的妻子，他希望她传统，所以会隐忍；他希望她柔顺，所以会退让；他希望她健康，所以更能抗打击；他希望她爱情至上，所以会为了爱情而忍受屈辱，承受痛苦。他不介意她的优秀，如果优秀的人甘于被他家暴，更能彰显他的强大！

我永远拉黑了他。但我知道，这并不耽误他，那个用暴力"驯妻"的传统男子，继续用那则文采飞扬的征婚启事和热情友善的假相，去寻找下一个牺牲品。有时，我们不得不面对一个需要警醒的现实，在婚姻中能保持人格独立、精神独立的女性并不多，而在婚内将自我依托于对方的女性，却是一抓就一大把。

在全国妇联的第三期中国妇女社会地位调查报告中，我们可以看到这样的数据：在家庭中曾遭受过配偶侮辱谩骂、殴打、限制人身自由、经济控制、强迫性生活等不同形式家庭暴力的女性占24.7%，其中，明确表示遭受过配偶殴打的女性比例为5.5%，农村和城镇分别是7.8%和3.1%。然而，真正因为家暴而申请离婚的数量，却远不及这个比例。所以，戒除精神过度依赖，保持自身人格独立，应该成为婚前一项最重要的必修课。

2. 用物质积累撑起精神自由

多年前读《简·爱》，书中有一句简·爱对罗彻斯特的表白："你以为我贫穷、相貌平平就没有感情吗？我向你起誓，如果上帝赐予我财富和美貌，我会让你难以离开我，就像我现在难以离开你一样。上帝没有这样安排，但我们的精神是平等的。"

简·爱骄傲地宣告她与心上人精神平等，但彼时他们的精神，真的能够平等吗？其实不然，简·爱在说这番话时是极其自卑的。正如她所说的，因为贫穷、社会地位低下、相貌平平，她并没有信心去主动赢得罗彻斯特的爱。

后来，在两人的婚礼上，有人故意搅局，简·爱不敢面对，选择了逃避。作者在小说结尾，安排简·爱得到了一笔遗产，同时又安排男主人公罗彻斯特失明，两人的爱情故事才最终让读者感到舒适、坦然。

为什么全职妈妈被抛弃的故事，总是被改编成影视作品，用来提示女性？

为什么全职主妇在婚内会逐渐失去自信和安全感？

因为她们的精神自由，没有丰沛的物质去支撑。

人活着，首先要追求"物质自由"，如果一个人的衣食住行全都依赖他人，物质不能独立，那这个人的精神也不会自由到哪里去。

孟德斯鸠卖掉了自己的爵位，用换来的钱埋头写作《论法的精神》，这就是典型的从物质自由到精神自由的范例。

毛姆在《人性枷锁》中说："人追求的当然不是财富，但必须要有足以维持尊严生活的基础，使自己能够不受阻挠的工作，能够慷慨，能够爽朗，能够独立。"

女性在婚前必须看到一个事实。在许多国家，家庭主妇是一种受人尊重的职业，因为她们创造的价值受到了广泛认可，政府也会对主妇们对社会的贡献给予补贴和奖励。但在目前的中国，整个社会对家庭主妇的尊重都不够到位，法律对家庭主妇的保障也需要进一步改善。虽然我国的家庭主妇们，每天都从事着非常繁重的家务劳动，承担着抚育子女和照顾老人的工作，在家庭内部间接创造着价值，但却无法用金钱准确地量化出自己的付出，因而自身价值很难得到认可。

在现实中，不管自身的事业成功与否，父亲们都不愿意退守家庭、照顾孩子，于是妈妈们就不得不做出选择。如果辞职回家照顾孩子，自身的社会竞争力就会被大幅削减，就会被划入"不挣钱、吃闲饭"的行列中，有日后被逐出婚姻的风险；如果将孩子托付于保姆，就要承担"不管孩子，就顾自己"的骂名，还要承担孩子有可能被个别保姆伤害的风险；如果将孩子托付于双方老人，就要包容老人的观念落后、知识陈旧和教育理念的贫乏，也要预估到因为年迈体弱、反应迟缓而可能导致的各种安全危机……

对于那些没有亲人可以帮忙代劳的家庭，经济上的拮据就成了最致命的缺憾，因为这样的女性，根本就无路可选。她们只有让自己变得更加勇敢和强大——边工作边带孩子，因为如果不工作，家庭经济就会陷于瘫痪；如果不工作，陷于贫困的全职主妇会更加没有尊严。

女性的进化能力是惊人的，婚姻中的困境将无数"软妹子"逼成了"女汉子"。无论是一边摆摊卖菜一边带娃的农家女子，还是一边哄娃睡觉一边在电脑旁编码的女"程序猿"，不愿轻易向生活妥协的女人们练就了"三头六臂"的本领，一手抱着娃，一手奇迹般地挣着钱。而这样的拼命，大概率会有两种规避不了的风险：女性透支生命，导致积劳成疾；对孩子疏于照管，增加发生意外的风险。

2018 年夏天，辽宁一位患有心梗的母亲独自带孩子时猝死，离家的丈夫在三天后才得到通知，而三岁的孩子待在已经发臭的妈妈尸体旁，吃了三天零食。

2017 年，一位妈妈带着孩子参加招聘面试，由于面试时不能让孩子参与，于是妈妈将孩子托付给招聘单位的工作人员临时照管。由于工作人员没有经验，孩子从楼梯栏杆的空隙间坠亡。

那么，对于事业、孩子和家务的问题，是不是就无解了呢？

首先，未婚女性一定要了解并看清几个真相。在现实社会中，一个学识平平、能力不高的"灰姑娘"，与一位收入不菲的精英男士坠入情网并走入婚姻殿堂的可能性，大概率为零；让一位男性在婚后主内、退守家庭的可能性，概率也很低；让一个男性在婚后与妻子平均分摊家务，也面临很多困难，虽然我们看到了一些男性的进步，但是整体来讲的确还有更大的成长空间；让一个男性理解家庭主妇的辛苦，并从人格上充分尊重一位全职主妇，让整个家族的成员乃至全体社会成员，都认同家庭主妇的贡献，也还有很长的路要走。

以上就是，女性在婚前就该为自己打下物质基础的全部原因。因此，财力和个人能力，才等于择偶过程中的核心竞争力。只有当女性自身有了强大的能力和财力支撑，才能觅得同样实力出众的佳婿。只有努力让自己的头脑和钱包都变得丰盈，才是避免"贫贱夫妻百事哀"，进入一桩良性婚姻的前提保障。

请忘记豪门梦吧，每个姑娘都想嫁入豪门、省却自己多少年的奋斗，但豪门的门槛却是不想奋斗的你无法企及的。能嫁入豪门的女性，即使没有与豪门比肩的财力，也要在其他方面拥有非凡的造诣，比如世界冠军，比如世界名模……而对于那些已经过五关斩六将，进入豪门的女性，等待她们的，也并不是享乐和安逸。韩国艺人全智贤的婆婆曾说过一句话："要么用你自身的知名度和实力，让家族承载新的荣誉；要么就乖乖生孩子，为家族开枝散叶。"

我们必须承认，她老人家一语道破了豪门婚姻的真谛：即使你本身是一张王牌，也要不停努力，继续为家族争光。只有这样，才能在豪门内享有真正的精神平等，否则就只能退守到家庭中，认真地相夫教子。

其次，有了财务支撑，女性在面对老生常谈的事业与家庭的平衡问题时，就可以在多种可能性之间进行横向组合，将自己的消耗最小化，让财务撑起的效率最大化。例如，可以用好的价格来甄选真正优秀的保姆和家政服务，分担自己的压力，并请父母过来起到监督的作用。这样的话，女性本人就可以安心投入到工作中，用物质自由换来精神自由，在婚姻中享受精神的平等和心灵的从容，享受更多的自信和话语权，同时也不断为自己储备应对生活变化的巨大"免疫力"。

舒婷在《致橡树》中说，"你有你的铜枝铁干，我有我的红硕花朵"，这句话完美诠释了什么是精神自由。你是你，我是我，你有你独自精彩的世界，我也有我自由驰骋的天地。如果你离开，我不会过于寂寞失落；如果我离开，我一定是为了更好的生活。

对于一个物质基础强大的女性来说，很多婚恋中恼人的俗事都会迎刃而解，很多一叶障目的迷茫都会不攻自破。当你是一个单身贵族时，就不会只因为对方的一件奢侈礼物而心动，而是会着眼于他的人格魅力。当你渴望婚姻时，就不会陷入拜金的泥潭，不会为了找到长期饭票而盲目择人。当你走入婚姻后，也不会在与对方协商共担家务时毫无底气，更不会在暂时离职陪伴孩子时过于担心与社会脱节。至少，坚实的物质基础能够赋予你话语权，也允许你有缓冲的余地，甚至停下脚步。而如果在你身心俱疲时遭遇婚变，至少你有足够的物质基础支撑你度过精神虚弱期，让你有足够的时间进行自我疗愈。

什么是婚内的精神自由？什么是婚内的精神平等？看看郭晶晶和霍启刚的婚姻，你就会明白。不必讨好，不用改变，她还是她，依然是那个有着独立自我的跳水冠军，而霍启刚只是她人生的加分项。什么是"一入豪门深似海"？那是因为说句这话的人，没有努力为自己赚得精神自由的资本，把豪门婚姻当作了人生的救生圈。

郭晶晶对待豪门婚姻的不卑不亢，把一个平民女孩在大富大贵面前的平常心，彰显得尤为可贵。她不以豪门儿媳的身份为荣，而霍家却会为娶到世界冠军而高兴。因为她可不是灰姑娘，她是能够为霍启刚和整个霍氏家族带来荣耀的"无价之宝"。霍启刚的爷爷霍英东，是最早从香港来内地投资的商人，以他为代表的霍氏家族，曾为内地的改革开放建设和体育事业发展，做出了积极的贡献。

有人曾问郭晶晶嫁入豪门的信心是什么，郭晶晶的回答堪称绝妙："他是豪门，我是冠军，这世界上豪门有很多，冠军却没几个。"霍启刚也说过："在几百个人当中，可能就有一个百万富翁，可是奥运冠军呢，来来去去就只有那么几个。"

在郭晶晶与霍启刚的婚礼上，公公霍震霆热泪盈眶地夸赞儿媳：

"今晚好开心，自己很有感触，看到眼睛都湿润了。晶晶好乖巧，是一个金牌儿媳。"

郭晶晶虽然出身于普通家庭，父母都是工人，但她依靠自身的努力不断超越自己，从世界跳水冠军，到英国知名大学 MBA，再到霍家儿媳，她从未膨胀，也从未迷失。

当霍启刚向郭晶晶发起猛烈的爱情攻势时，她并没有马上就欣然接受，而是不卑不亢，落落大方地与之接触并观察。

在成为霍启刚的未婚妻后，她并没有马上退役，而是坚持在随后的几年间再创佳绩。从国家跳水队退役后，她没有马上休整待嫁，而是选择了去英国读书，让"陪读"的霍启刚时常抱怨她太忙，连见面都要先预约。和霍启刚完婚后，她和霍启刚又经常被媒体拍到去超市购物，甚至在地摊上挑选衣物。

不得不说，郭晶晶不光在个人事业的卓越表现上为女性做出了表率，在对婚姻、对幸福、对自我的认知和把握上，也树立了榜样。

3. 不把婚姻当成一锤定音的宿命

对于一个女性来说，婚姻到底有多重要？

不错，婚姻是终身大事，但婚姻是关乎终身的大事，却不是决定终身幸福的大事。

多少女性过度估价了婚姻对人生的影响，从儿时就开始梦想着盛大的婚礼和洁白的婚纱，到了适婚年龄时更是把"觅得佳偶"视为毕生追求，把自己变成了十足的"婚奴"。在曾经热播的都市轻喜剧《粉红女郎》中，"结婚狂"的角色就是这样一种"人设"，她天真地以为，只要找到了乘龙快婿，就会终生幸福有着落。

将人生幸福甚至归宿太多地倚重于婚姻，必然会人为地赋予婚姻太多言过其实的意义，将其变成一座虚拟的幸福城堡。婚姻一旦呈现出骨感的现实，或发生婚变，信念坍塌所造成的伤害，甚至会超越婚变本身所造成的伤害。

婚姻是关乎终身的大事，却不是一经决定就不可更改的大事。

"嫁鸡随鸡，嫁狗随狗。生是夫家人，死是夫家鬼"的年代早已成为历史烟云。在现实生活中，初婚错配、再婚才找对人的女性朋友，不胜枚举。作为情感疗愈师，在咨询疗愈中，我遇见过很多曾经离异的女性，她们都在婚姻的第二次，甚至第三次选择中，获得了想要的"庆余年"。

有趣的是，因为总体上男多女少的事实，再加上社会观念对离婚女性有越来越多的宽容度，不少优秀的离异女性，不但没被歧视，还在离婚后遇到了更加优秀的初婚男人，并展示出更强的幸福美满生活的创造能力。她们在向人们宣告着一个美好的事实，"辗转而来的幸福，并不会因此而打折扣"。

婚姻是关乎终身的大事，却不是通往幸福生活的唯一途径。

古人说，人生有四大喜事：久旱逢甘霖，他乡遇故知，洞房花烛夜，金榜题名时。这四件喜事当中，"久旱逢甘霖"关乎自然，"他乡遇故知"关乎友情，"金榜题名时"关乎功名，只有"洞房花烛夜"关乎婚姻和伴侣。

这是一个古代成年男子人生中，四大里程碑式的大事美事。由此可见，婚姻只承担了他们人生喜悦的四分之一。同样，结婚生子也不该成为女性彰显生命意义的唯一方式。诚然，都说女人为爱而生，她们享受爱与被爱带来的曼妙感受，所以甜蜜的婚育历程常常为女性带来无与伦比的幸福感。但除了两性之爱，朋友之间的真诚、亲人之间的关怀、人与自然之间的愉快互动、人与社会的和谐共处……都可以成为女性幸福感的来源。

　　另外，即使失去婚姻，也不等于失去了家庭。在婚姻之外，我们还有原生家庭，婚姻解体后，也还可以从原生家庭中汲取温暖。我们从另外一个角度看，单亲家庭也是一个更加紧凑、更加互爱的小家庭，天伦之乐依然弥漫。唯一的缺憾就是，有一个家庭成员拉开了距离，但也依然有爱，会从远处投向共同的孩子，因为妈妈还是妈妈，爸爸还是爸爸。

　　婚姻是关乎终身的大事，却不应该是放在价值排序首位的大事。

　　把婚姻放在价值排序首位，没有意义，除非婚姻就代表着幸福。婚姻能够带来幸福，也可能会制造不幸，所以在确定一段婚姻会带来稳稳的幸福之前，千万不要因为年龄、家长压力、社会舆论而匆匆忙忙把自己嫁出去，否则，盲目的婚姻会让人追悔莫及。

4. 不把爱情当作衡量婚姻质量的唯一维度

爱情真的很美好。

一个女子，如果没有经历过美好的爱情，没有感受过爱情的甜蜜，那实在很遗憾；但一个成熟女子，如果把爱情当作终极归宿，那她收获的便不止是遗憾了。

科学研究告诉我们，爱情之所以有"直教人生死相许"的力量，是因为一系列生理物质对脑神经的短暂刺激。当这种刺激的强度到达顶点后，爱情的抛物线便会由升高转为下行，爱意便会逐渐衰退。因此，不但爱情来时挡不住，爱情走时也留不住。那些因恋爱受阻而选择殉情的，多半是处于生理物质的刺激最活跃的阶段，才做出了极端行为。

人们痴迷于爱情的美丽销魂，坚信爱情的力量可以成就一段完美的婚姻，所以把爱情和婚姻相结合，融入了意识形态。于是，便有了"没有爱情的婚姻是不道德的"和"婚姻应该以爱情为基础"的行为准则。人们坚定地践行着"爱情绑定婚姻"的道德规范，将以爱情为开端的婚姻作为常态。结婚，成为爱情的终点，而爱情，也要成为婚姻的起点和初始阶段。

然而，如果将我们耳熟能详的那些爱情经典带入到婚姻情境中，可能会让仙女必须下凡，让情圣必须落地，让连绵的情话必须适可而止，让永不落幕的激情必须趋于平淡，那么我们很可能会看到另一种结局。灰姑娘与王子结婚后，可能会因价值观不合而争吵不休；罗密欧与朱丽叶，也许会因两边老人的仇怨而各自站队；田螺姑娘有一天可能会幡然醒悟，觉得自己整日操持家务，就像一个保姆；七仙女与董永可能会因为双方家庭背景过于悬殊，而最终分道扬镳……

与婚姻相比，爱情是有些过来人眼中的玩闹；而与爱情相比，婚姻是诗人口中的"坟墓"。

爱情基于想象，婚姻基于生活。人们对爱情的理解和诠释，本身就充满了瑰丽的想象。从爱情里酿出的诗情画意，成就了多少文学艺术大师；而沉浸在爱情中的人们，"情人眼里出西施"的幸福想象，将他们抛上快乐的巅峰。

爱情不用思考，只要感受就好。他们在睡前跟心上人聊天，然后带着思念和相见的憧憬入梦；他们勾勒着远方的那个人也在思念自己的画面，同时描画着未来，以及未来的未来。如果你深陷于爱情之中，从某个角度说，其实你是在跟一个想象中的人谈恋爱：心上人那些闪光的特质，在别人看来，或许平凡极了，可是在你看来，会觉得无比珍贵；可能你所感受到的来自对方的爱，也是你经过大脑处理的，或者过滤，或者放大。

你以为他深爱着你，但也许他只是不忍心告诉你，他并没有那么投入；你以为他常常安慰你是关心你、爱你，但也许他只是在客套、敷衍而已；你以为你们无所不谈，你以为你很了解他，但也许他并未像你一样无所保留，对你隐藏了很多秘密。

你以为他不爱你，但也许他只是没有按照你所期望的那样去爱你；你以为他不记得很多事情，不关心你，不在乎你，但也许他只是有时粗心而已，又或许他对事物有自己的注解，他只会记得那些让他印象深刻的事情；你以为他骗你，对你不够坦诚，但也许他只是因为过于担心而说谎，他害怕失去你。

看，爱情中的我们多么自以为是，不但会演绎出一个比平常更加优秀和敏感的自己，也创造出一个更加优秀并难以俘获的对方。所以，爱情更像是想象，总是放大或缩小一些东西，有时很难贴近实际。你与想象中的"人"谈着恋爱，而那个"人"为你提供了精神上的支点，让你误以为，你在人世间找到了无可替代的爱侣。

相反，在婚姻中的人们却无暇想象、无心想象，甚至无力想象，因为他们把精力都集中在现实的点滴细节中。对于已婚的人而言，生活的重心在于，如何摆平眼前利益，如何在琐碎中将日子向前推进。今晚的菜什么时候买？我今天加班，孩子放学谁去接？家里冰箱的门关不上了，是修一下还是添置一台新的？这个月的花销又超支了，那个心爱的包只好缓缓再买……

恋爱时，你们俩深夜携手在河边看星星，而婚后某晚，当你们再次路过河边时，看到一对仰望星空的情侣，第一反应可能会是——"快走，离他们远点，这么晚还在外面游荡，不是什么好人"。

恋爱时，你收到一大捧玫瑰，就会心生激动、面色潮红、心旌摇荡，沉醉于被宠溺的欣喜中。而到了结婚后，你同样手持一大捧蓝色妖姬，想的却是"这么贵的花，真不如去吃一顿火锅划算"。

是的，爱情凌驾于现实，婚姻却回归现实。爱情兀自完美纯洁，不用理会现实中的阴霾；婚姻却将你从云端狠狠拽进现实，让你去感受平凡岁月的单调冗长，品味人间烟火中的繁琐细碎。爱情可以自由放飞、勇往直前，而婚姻却不能无拘无束、脱离正轨。爱情鸟可以盘旋飞翔、择木而栖，泰坦尼克号可以乘风破浪、破冰而行，因为爱情代表着自由、新鲜、浪漫和刺激，而婚姻是巢穴、是港湾，让鸟儿栖息，让船儿停泊，它代表的是稳固、重复和温暖。

爱情里没有理智，爱情是飞蛾扑火，讲的是轰轰烈烈，要的是璀璨绽放。坠入情网的人，只知道义无反顾地向对方飞去，艰难险阻不会减弱他们与爱人厮守的欲望。

对，爱情会衍生疯狂的欲望，让人们去占有并奉献、掠夺并牺牲；爱情会催生自私，没有人不想在爱人身上留下专属的印记，哪怕只是一个专属的昵称。所以，如果你还能冷静地剖析利弊，那么我告诉你，你并没有恋爱！

但在婚姻里，却少有浪漫。婚姻是细水长流，是柴米油盐；日子是家长里短，是一地鸡毛。如果你在婚姻里还想蠢蠢欲动，那只能说明你还没有准备好安定下来，不能将自己浸润在庸常的生活中。

婚姻是两个相看不厌的人坚定地在一起生活，接受岁月的磨合，即使细节上争执无数，手还是紧紧相握。婚姻中充满了倾听、守候、经营和维护，不允许有不切实际的想法和出格的行为冒出。

生理上的互相占有，已经在婚姻中退为其次，没有哪个丈夫，会在车来车往的街头，捧起爱人的脸毫无顾忌地热吻，也没有哪个妻子，会因为没有在情人节收到999朵玫瑰而伤心抓狂。

所以，爱情的终点不一定是婚姻，而婚姻中的爱情，则会用另一种形式呈现，失去了热恋时"爱情"的一些显著特点。很多人刻意将恋人和未来伴侣作以区分，虽然道德上难以说通，但实际上却可能符合规律。

很多爱情止步于婚姻，那是因为恋爱时如胶似漆的两个人，其实并不适合结婚；很多婚姻里又好像没有爱情，那是因为适用于爱情的某些标准，一旦到谈婚论嫁时便失去了实际意义。因此，爱情可以为婚姻带来美好的憧憬，却不是决定婚姻质量的唯一因素。

我一直认为，最理想的状况应该是：当热恋中的冲动逐渐退却的时候再去谈婚论嫁，使婚姻成为半情感半理智的产物，因为尚未耗尽的爱情会让婚姻有一个充满甜蜜和希望的开端，而相对冷静的心智也会兼顾到很多现实状况。

　　然而，相对于男性而言，女性更痴迷于爱情，也更执着于爱情。爱情的魅惑，就如同地球的万有引力，让广大女性甘愿沦陷。

　　我们相信爱情，因为我们必须承认爱情的正向力量——让人勇敢、催人奋进，但我们不能过分执着于爱情，甚至沦为爱情的奴仆，因为当爱情渐逝，那份执着会无处安放。

　　台湾地区作家三毛（原名陈平）与西班牙人荷西的爱情堪称经典。遗憾的是，当荷西英年早逝后，三毛的爱情仍然久久缠绻在回忆之中，无法断绝，也无法释怀。最终，三毛追随荷西而去，结束了自己年轻的生命。

　　这样不对，爱情不该这样。我们推崇的爱情经典，怎么成了婚姻的反面教材？

　　三毛与荷西在马德里相识，当时只有十几岁的荷西，对三毛一见钟情，并对她说："你等我六年，四年上大学，两年服兵役，六年一过我就娶你。"

　　三毛当时有未婚夫，并一直把荷西当做朋友，所以她拒绝了荷西的示爱，但荷西却念念不忘，还经常逃课去见她。在之后的六年中，三毛遭遇了她第一次情感不幸，她的未婚夫意外身亡。六年后，荷西仍然记得自己当初的承诺，千辛万苦找到三毛履约。可重逢不久，三毛又被"前世的乡愁"所驱动，要到撒哈拉沙漠旅行生活一年。荷西既不笑话三毛，也不阻止她，更不拖累她，而是默默地收拾了行李，先去撒哈拉沙漠找好工作，安定下来，等三毛去非洲。

三毛在书中写道："在这个人为了爱情去沙漠里受苦时，我心里已经决定要跟他浪迹天涯一辈子了。"1973 年，三毛与荷西在西属撒哈拉沙漠当地法院公证结婚。至此，这段爱情有了完满的归宿——婚姻。

然而，三毛是一个喜欢沉浸在自我世界，有着不羁灵魂的女子，她为什么会选择荷西成为与她厮守余生的丈夫呢？在那六年里，三毛至少有三位追求者，一位是日籍富商，一位是德国外交官，还有一位是我国台湾地区的旅美博士，他们的条件都要比荷西好。但三毛还是选择了荷西，因为三毛知道，只有荷西爱的是她身体中的灵魂，也只有荷西能给予她真正的爱情。

此后，在沙漠的六年间，三毛与荷西聚少离多，但三毛用与生俱来的浪漫情怀不断在艰苦的日子中制造惊喜，悉心维护他们的爱情，硬是将恶劣环境中的贫瘠日子过得像春花一般绚烂。

在荷西不幸殉职后，三毛几近疯癫。荷西的死，让她四处流浪时可以依靠的那棵橄榄树倒下了；荷西的死，令她创作的灵感源泉枯竭了；荷西的死，让长久以来滋养她精神华彩的爱情终止了。

事后，三毛把荷西安葬在他们经常去散步的墓园里。在埋葬了爱人之后，三毛写下这样的话："埋下去的，是你，也是我。走了的，是我们。"爱人已去，流浪便再也没有意义。三毛回到台湾定居，结束了长达 14 年的异乡生活。在服丧期间，三毛有过极其强烈的自杀欲望。后来，好朋友琼瑶苦苦相劝，直到三毛答应绝不自杀，琼瑶才放心离开。

从那以后，三毛试图努力振作，回归正常生活，但失去爱情的
她精神日益消沉，灵魂渐渐空洞，虽然表面上一直忙于写作和演讲，
内心深处却每天依靠回味昔日美好而支撑下去。她在散文集《梦里
花落知多少》中写道："许多个夜晚，我躺在床上，住在一栋海边的
房子里，总是听见晚上的风，带着一种呜咽的呻吟，划过我的窗口。
我坐在那个地方，突然发觉，我原来已经没有家了，是一个人。每
一个晚上，我坐在那里等待黎明。那时候，我总以为这样的日子是
过不下去了。"1991年，在荷西离去12年以后，三毛在台湾的一家
医院里，用丝袜结束了自己的生命。

三毛，将婚姻过成了爱情。对她这样的女子来说，没有了爱情，
生命就失去了意义。或许，只有这样的结局，才能成就她期待中的
爱情的全部意义。

在爱情中的死去，是唯美主义的挚爱；而婚姻，却是关于活着
的命题。

因此，爱情并不适合被用来作为婚姻的唯一对比参照物，因为
婚姻的现实本质，根本不足以承载爱情的热烈、浓稠与激越。如果
你选择了婚姻作为你的存在形态，那么请你听听那首巫启贤的老歌
《不爱那么多，只爱一点点》。

不爱那么多，只爱一点点，

别人的爱情像海深，我的爱情浅。

不爱那么多，只爱一点点，

别人的爱情像天长，我的爱情短。

不爱那么多，只爱一点点

别人眉来又眼去，我只偷看你一眼

……

在多数人的婚姻中，昨日爱情曾来过，足矣，可供心灵常追忆；如今爱情已散尽，无惧，但求你我幸福，岁月无欺。

5. 婚前沟通好彼此的原则底线

在"模糊文化"中长大的我们，很少有"行为边界"的概念。从小到大，亲人之间的相处，崇尚的都是"你中有我、我中有你"的零距离模式。一家人嘛，分什么你我，讲什么隐私，谈什么原则底线呢？不伤和气最重要！

但麻烦就产生于这个"一团和气"，哪里是越界，哪里要止步，都无据可依；什么可接纳，什么不允许，也没有概念。最后到发生争端、需要裁决的时候，就只剩下一种方式——强势的一方拥有解释权，弱势的一方只能忍让。如果不服，不服来战！

我的一个客户是丁克一族，因为这个特殊的原因，她一直坚持到将近40岁，才找到了心仪的伴侣。她曾经来问我："在择偶时，到底是先亮出这个底牌，还是等相处到一定程度以后再说出来？"我说："越早越好。"

于是，她总是在第一次约会时，便开诚布公地告诉对方她不想要孩子。如此，接受不了的人便会早早拂袖而去，省却了很多时间成本。如今，她与丈夫在闲适的二人世界中，过得非常幸福。

我的另一位客户，无法忍受别人打鼾，一点轻微的鼾声都不能容忍。我也郑重地告诉她："这不是你的缺点，是你无法忍受别人的缺点，所以你不用负疚。但你必须尽早告诉你的约会对象，并专门强调这不是玩笑，也不是什么性暗示，这就是你的条件之一。"她接受了我的建议，每次在约会时，都大大方方地主动询问对方，为未来省却了很多麻烦。

很多人在向亲朋好友、婚恋中介提出相亲需求时，都会说"身高要在一米八零以上，学历至少要本科"之类的条件。其实，他们并没意识到，这些并不是底线条件，而是优选条件。一旦对方其他条件好到足以弥补这些缺陷时，这些条件便可以忽略。

所以，我们必须要有底线意识，并对自己的最低需求和容忍度有一个清楚的认知。

除此之外，同样重要的是，要了解对方的底线。只有这样，才能保证双方的齿轮可以正常咬合、正常运转，这也是婚姻的最首要前提之一。

6. 择偶时至少将标尺卡在"好男人最低配"

每到春节前夕、回乡潮即将来临时，都会有不少年轻的女性，向我咨询择偶标准的问题，因为春节长假就是一年一度的回乡相亲季。

有很多女生，虽然很想谈恋爱，但就是总也说不出具体的标准。所以，她们很疑惑地问："小储老师，择偶一定要有标准么？这个标准，到底应该怎么设定呢？"

我赞成年轻人在青春年华时享受爱情时光。我认为，谈恋爱与择偶都应该有一个相对比较清晰的框架标准。但这个标准，不是规定男孩子应该什么样，而是应该明确男孩子一定不能是什么样。也就是说，年轻女性对异性应该有一个可以交往的接受底线，我们可以把这个底线，叫做"好男人最低配"。

首先，我们应该"以貌取人"，过滤掉那些不合眼缘的人。

日常生活中，我们经常在以貌取人，尽管我们不愿承认，但事实上，以貌取人并不肤浅，反而很深刻、很有实用性。

性格写在唇间，幸福露在眼角。

衣着彰显审美，发型代表个性。

理性感性寄于声线，真诚虚伪映在瞳仁。

站姿看出才华气度，步伐可见自我认知。

表情里有近来心境，眉宇间是过往岁月。

物质和精神上，富有还是贫瘠，都会从全身散发出来。

叔本华在《从一个人的相貌看天赋、智慧和品德》中说："事实上，一个人的相貌，通常能够比他的嘴巴，告诉我们更多有趣的事情。因为人的面貌，概括了所有他要说的内容，记录了他所有的思想和感情。并且，语言只能说出一个人的所思所想，而他的面貌，却传达了思想本身。"

叔本华认为，"每个人的个性，都是与其生存经历相符合的，是由此形成的。对于那些卑鄙邪恶、自私自利、嫉妒刻薄的人，能期望他们有什么样的面貌呢？这些思想和欲望，会在他的脸上刻下印痕，并将伴随他整个生命历程"。

因此，以貌取人，虽然不能精确地挑选出你最想要的，但却可以帮你屏蔽掉那些明显不符合你的审美要求的、性格气质和生活偏好与你相去太远的人。

样貌不同，人生迥异。外貌是第一道闸门，用来保证人以群分。一张令你生厌的脸，一个令你不悦的形象，给你带来的负面冲击感，可能会随着时间而钝化，但却永远也不会，随着时间变成你所真心欣赏和喜爱的模样。

其次，我们要拒绝"渣男"，屏蔽掉那些身怀恶习的人。

那些恶习成瘾的"渣男"，比如有吸毒、家暴、酗酒、赌博嗜好的男性，必须坚决屏蔽掉。因为这个群体，不配有爱情去眷顾。

这些让人成瘾的恶习，会把人性深处的兽性，充分唤醒，彻底释放，将一切幸福和希望吞噬得一干二净。不要问我有没有例外，更不要"圣母心"泛滥，心存侥幸，事实远比我的描述还要触目惊心。

第三，我们应该考量"三观"，回绝话不投机、气场不合的人。

现代人说，"三观"一致；老话就叫，门当户对。其逻辑就是：当两个人的家庭背景相当、成长经历相似、视角和视野都大体上一致时，看待问题的方式和角度，基本上不会有大的分歧。这种说法，得到了多数人的认可。

但所谓的"三观"，其实是一个笼统的概念，放到社会学的角度讲应该是世界观、人生观、价值观，而落实到择偶上，我认为应该调整为金钱观、感情观和性爱观。

以我的一位闺蜜为例，她今年 32 岁，是一家银行的支行行长，虽然目前仍是单身，但对恋爱对象有着非常清晰明确的"三观"匹配要求。

关于金钱观，她说："太抠的不行，太败家的我也不要。太实用主义至上的，肯定无趣；但只认大牌、花钱不眨眼的也不妥。我的伴侣，应该牛排红酒吃得惯，路边摊也吃得爽。我可以不靠他养，但我的生活质量，也不能因为跟他在一起，再回到旧社会。那种为了钱不要命的，整天在钱上计较来计较去的，肯定不适合我。"

关于感情观，她的要求则更加分明。她说："天天有人约、夜夜有饭局的男人，我受不了。但反过来，连个从学生时代培养起来的朋友都没有的，也不行。控制欲太强的、总想介入彼此社交圈的，我也不接受。我们必须有只属于自己的圈子，有自己的情感自留地。另外，那种永远把自己的原生家庭利益摆在最高位置的男人，请离我远点。"

作为一名知性熟女，她的性爱观，也将边界勾勒得毫不含糊。她说："性，很重要。"

当然，我们不可能在交往之初就能深入了解到，对方在"三观"上与自己有哪些具体的冲突。但我们总能从交谈、相处，或者就某件事的看法和态度等方面，敏锐地捕捉到对方是否和自己同频，气场是否可以兼容。

酒逢知己千杯少，话不投机半句多。话不投机，往往意味着：关注的角度不同，是视角偏差；对同一事物的解读不同，是理解偏差；表达方式互相抵触，是性格偏差；对事物的观点互相不认同，是价值观偏差。

如果都到了话不投机，甚至连半句都嫌多的地步，那么别说情侣了，不成宿敌就不错了。其实，要判断"三观"是否基本一致，最简单的标准就是看相处是否基本愉快，对诸事的看法是否基本没有分歧。

最后，一定要珍视自我，淘汰那些总想改变你的人。

爱情，是相互接纳，而不是相互改造。在爱情中，能改变的，唯有自己，而不是对方。即使情到深处，我们愿意为对方适度地做以改变，也应该是心甘情愿的自发行为。如果一个人，从一开始，就抱着改造对方的心态去交往异性，那么这个人，不是自私透顶，就是爱情骗子。

看看那些背着标签的奇怪男子，比如凤凰男、妈宝男、直男癌……都是在爱情中自带偏执人格和特殊目的的男性群体，而他们最显著的特征，就是改造你没商量！

"凤凰男"，是为了在经济上榨取你的价值，而去改造你的价值观；"妈宝男"，是为了让你完全服从婆婆，而去改造你的伦理观；"直男癌"，是为了从各方面凌驾于你之上，而去改造你的幸福观；爱情骗子，则是为了蒙蔽你、利用你，而去改造你对自身、对世界的认知。

所以，对那些不断探测你的底线，总是试图改变你的异性，一定要远离。因为你永远预料不到，在你一点一点地失去自我之后，会成为怎样的棋子，会被放逐到怎样的棋局中。

其实，择偶所择的不是天下最优秀的那个人，而是最适合自己的那个人。而这个"好男人最低配"是"适合自己"之下的最底层框架，是对一个异性是否可交往的最低标准。

另外，还需要强调的是：择偶，择的是现在，不要预判，不要赌一个男人的未来！你可能会看到对方的潜力，并以此为依据，推断对方的成就。然而，你真正爱的，必须是他现在的样子，而不是期待他朝着你预期的方向变化。当然，更不能把他当成你的改造对象，否则，你所选择的就不是对方，而是你的想象。

FOUR

婚后，要坚守自我

致橡树

舒婷

我如果爱你——

绝不像攀援的凌霄花，

借你的高枝炫耀自己；

我如果爱你——

绝不学痴情的鸟儿，

为绿荫重复单调的歌曲；

也不止像泉源，

常年送来清凉的慰籍；

也不止像险峰，

增加你的高度，衬托你的威仪。

甚至日光。

甚至春雨。

不，这些都还不够！

我必须是你近旁的一株木棉，

作为树的形象和你站在一起。

根，紧握在地下，

叶，相触在云里。

每一阵风过，

我们都互相致意，

但没有人，

听懂我们的言语。

你有你的铜枝铁干，

像刀，像剑，

也像戟，

我有我的红硕花朵，

像沉重的叹息，

又像英勇的火炬。

我们分担寒潮、风雷、霹雳；

我们共享雾霭、流岚、虹霓，

彷佛永远分离，

却又终身相依，

这才是伟大的爱情，

坚贞就在这里：

爱——

不仅爱你伟岸的身躯，

也爱你坚持的位置，脚下的土地。

初读舒婷的《致橡树》，感叹于这个女子深沉优美的内心世界和充盈刚健的精神品格。既不愿当爱情的附庸，不愿接受对方的荫蔽，也不愿奉献施舍、透支自己去支撑对方。

这是一个不会在爱情中迷失自己的女子，而她要的，就是那种两人比肩而立、风雨同舟的爱情。

事实上，爱情中的双方，往往是精神平等的。

当爱情向婚姻过渡转化时，这份平等会在不知不觉中失衡，在男女双方心理优势的反转中，逐渐被蚕食。

所以，对所有的女性来说，婚后才是真正需要艰苦修炼的阶段。

1. 婚内要为自己留出"自治区域"

"一个人要隐藏多少秘密，才能巧妙的度过一生。"仓央嘉措说。

"一颗真心，要有一些感情的留白，才会让人更珍惜。"我说。

在婚姻里，女人可以试着永远保留一些秘密，不去和配偶分享。因为婚姻不是牢狱，婚内的人也不是罪犯，谁都无须被迫"坦白从宽"。

在夫妻之间，没有彻底坦陈历史的义务，也没有交代隐私的必要，如果你从你的配偶身上，看到了强烈的占有欲、窥私欲和不安感在时时作祟，那么请不要对这样的婚姻抱有希望。因为，即使你掏空自己，他也不会对你投以信任，正所谓"他若不信，坦诚无益；他若相信，不说无妨"。

夫妻亲密"有间"，有利于良性发展。如果对方认为你值得尊重和信任，一定会给你留出适当的空间，不去占用；反之，如果你有意识地与配偶保持适度的心理距离，就等于为他留出了对你产生美丽联想的空间。

其实，女性在婚后，根本不必在生活中将个人动态和生活细节毫无保留地主动与配偶分享。比如个人财务细节、日常购物的数量和价格、体重的变化等，如果不被问起，不说即可。毕竟夫妻不是上司与下级，不用事无巨细都汇报，更不用刻意在敏感信息的透明方面去体现亲密关系。

我有一位女性客户，她老公经常对她说："你剪一次头发，是不是够我剪十年的呀？你买一瓶眼霜，是不是够我买台笔记本电脑了？你买一个包，是不是够我抽一年的烟了？"然后，他还会很夸张地掰着手指头算一下。

我说："你以为他在开玩笑，其实他心里可能在暗暗滴血。"

我经常对我的女性客户说："没有哪个男人，真正希望你把他赚到的钱变成衣服或者首饰，披戴到身上，即使你也同样挣钱，甚至挣得更多，他也认为你花的钱比他多。所以，你花可以，但最好不要让他知道。"

于是，我的女性客户们都很听话，她们每次出去逛街之前都不声张，每次满载而归后，都会先将买到的心仪之物统统塞进衣橱，即便是哪天被老公发现了，他也早已失去了被消费的痛感。

对于个人感情史和异性朋友等更加敏感的信息，我的建议是：无论婚前还是婚后都要坚守秘密，不与对方分享。即使对方百般要求，你也可以用轻松的语气表示出坚决不愿分享的意思。但是注意不要说谎，不要编造出子虚乌有的情感经历来证明自己抢手，也不要将自己说成懵懂小姑娘来证明自己的清纯，否则，圆谎的成本会大到出乎你的想象。

最好的方式是：为你的隐私树好别人免进的栅栏，同时也令对方始终对你的过去保持求知的渴望。

在婚后，女性还可以试着辟出一块"自留地"，永远不向配偶及任何人敞开。这块"自留地"，可以用来盛放一些年深日久的记忆，堆积一些不想公开的事情，甚至在里面消化一些在现实中来不及处置的情绪。

这块"自留地"，可以是虚拟的，也可以是现实的，可以是特定的微信朋友圈、上锁的 QQ 空间，也可以是一个安全的私属场所。这是一个供自己独处的心灵"后院"，在日常的喧嚣之外，在自己的掌控之中，自己有权限出入，别人却无法参观。

最重要的是，婚后的女人一定要有一个与配偶没有交集的朋友圈。首先，一定要有自己的知己至交，开心时可以把酒言欢，低落时可以促膝取暖；其次，要有一位聊得来的异性朋友，来帮助自己稳定内心、丰富视角，甚至从侧面助力婚姻关系更加圆满。

换言之，对于一个婚后女子，理想的朋友圈状况是：有三两好友（不限性别）可以在假日休息时喝茶聊天，有一位闺蜜可以在吵架后倾诉交流，外加一位"男闺蜜"，可以在女性对男性失望时，给予理性而温暖的交流式支援。

大家千万不要对"男闺蜜"的概念有所误解。

曾经有调查数据表明，80% 的女性都想拥有"男闺蜜"，因为"男闺蜜"的功能更加近似于心灵导师，不仅能带来情绪上的安抚，还能带来实质上的帮助。

在情感疗愈师看来，"男闺蜜"给女性提供的，是一种抱持型关系。我们在生活中通常会遇到两种麻烦：一种麻烦是我们受伤了，非常需要有人给予拥抱；另一种是我们有困惑，需要一个方向性指引。由于男性视角相对理性、客观，不容易被情感裹挟得那么强烈，所以通常可以帮助女性，在一团乱麻中找到头绪，继而给予方向性指引。

据知乎上一项调查显示，拥有"男闺蜜"的女性，在交谈中会更显魅力，也比没有"男闺蜜"的女性更具幸福感。

心理学家荣格认为，每个男人的潜意识中都有一个女性的性格与形象——阿尼玛；相应的，每个女人的潜意识中也有一个男性的性格和形象——阿尼姆斯。对于已婚女性来说，如果自己的阿尼姆斯在丈夫那里得不到足够映射的话，就可能在"男闺蜜"身上寻找。

荣格认为，"一个完善的人格，需要父性和母性两种精神物质的滋养。一个人无力时，需要一个内在的母亲抱持自己，给予充分的安全感，同时也需要一个内在的父亲指引自己，推动自己，发展自己"。

所以，在与"男闺蜜"交往的过程中，已婚女性不但能获得从配偶那里得不到的倾听、陪伴和精神支持，还能实现女人本身的阿尼姆斯的投射，帮助自己稳定内心。

随着社会的发展，女人们已经不再满足于同性闺蜜之间的友谊，"男闺蜜"的存在是对配偶和女性朋友的补充，是无可厚非的必然。

2. 像婚前一样，认真经营自己

事事依赖，便会处处受制。

2017 年 3 月，前国足运动员姜志鹏出轨后与妻子的离婚大战，曾经引发了一波对女性婚内角色的思考与探讨。

姜志鹏遭到糟糠之妻的网上实名举报，控诉他结婚四年时间有三年半在出轨，并指出自己娘家在结婚之初拿出了全部积蓄 100 万元，作为房子首付和装修费，而姜志鹏却毫无感恩之情。之后，姜志鹏起诉离婚被拒，开始拒付房贷和日常生活开支，用经济制裁胁迫妻子离婚。女方执意不离婚，原因是她为丈夫辞去了工作，没有经济来源，还要向亲友借钱承担每月两万元的房贷。

这是一个典型的、遭遇老公出轨但无计可施的女人，借着给孩子一个完整的家的名义而维护婚姻，掩盖着自己的无力。

在男方只挣 600 元工资时，她精神上依赖着他，用娘家的钱贴补他；在男方有钱后，她理所当然地在经济上依赖他，但从未想过设法独立；男方坚持要离婚时，她只好采用拖延战术，希望从男方那里，拼死争得一杯羹出来。

其实，不管是婚前还是婚后，女人只要多做一件事便不至于如此，那便是经营好自己。

恋爱中的男女，更愿意相互迁就和迎合，但到了婚姻中，就渐渐转向彼此博弈。婚姻中的幸福状态，其实就是博弈中的平衡：此时我撒个娇，你就服个软；彼时你发个火，我就道个歉……有商有量中夹杂着小打小闹，步调一致奔向同一个目标。夫妻二人若能始终比肩同行，看的就是同样的风景，展望的就是同样的未来，那么再难走的路也不成问题。

可婚姻里太容易滋生出贪图安乐的惰性，勤勉的一方多走几步，犯懒的一方稍慢一些，差距就会拉开。如果有一方索性偷闲不走了，而另一方一直在前行，两人的视野、格局和认知的差异就会越来越大，就会面临"走着走着就散了"的结局。

所以，女性朋友们千万不要停得太久，不要慢得太多，不要总是让对方催着、抬着才肯向前走。聪明的女性，在婚后会像婚前一样经营自己，让自己领跑婚姻，或者至少与对方并肩而行。只有这样，才能在婚姻里走得优雅、行得自信。

首先，女人在婚姻里，要像婚前一样，精心维护好三样东西——容颜、健康和财富。

容颜，指的是保养得宜的身材和皮肤、精致的妆容和脱俗的审美。没有人愿意透过邋遢的外表去透视美丽的灵魂，或者说，邋遢的外表根本无法让人有兴致去关注灵魂。别人不会，婚内的男性更加不会，因为他越是记得你曾经美丽，就会越嫌弃你婚后不修边幅。

当然，保持美貌不是为悦己者容，而是为己悦者容，为了自己可以在婚外的世界获得欣赏和关注。

倪萍曾说："我最大的错误就是放弃了形象。"良好的形象，通常是进入某个群体的"破冰神器"，也是涉入某个领域的敲门砖和通行证。从某个角度说，在这个"刷脸"的世界，如果你婚后还要当一个蓬头垢面的黄脸婆，不管在围城内还是围城外，你都可能输得很彻底。

健康，指的是无恙的身体、奕奕的神采和平和愉快的心态。在现代婚姻中，男方早已不愿充当、也充当不起女人的长期饭票，再加上女性普遍比男性长寿八到十岁，即使婚姻幸福的女人，也总有单独面对现实人生的时候。所以，身心的健康既是上天的恩赐，也要依靠自身去努力维护。

财富，指的是女性自己的财富积累，也就是用于家庭公共支出之外的"小金库"。台湾女企业家何丽玲说："女人能年轻多久？可以无忧无虑多久？身为依赖成习的女性，有时候我们该思考一下，如果有一天发生意外状况，我有没有能力自给自足？总有一天我们必须依靠自己想办法过日子，只有自己才能保障自己的未来。"她还说："如果女人懂得理财，懂得独立，人生就是你的，女人无法在厨房中要求独立，只有学会理财，才是追求独立自主的基础。"

在女性当中，感性者众，随性者众，但很少有女性喜欢提前规划、未雨绸缪。她们总是乐观地认为"船到桥头自然直"，等到事到临头又去祈求上天眷顾。不少女性认为结婚就是大功告成、修成正果，于是便开始不保养、不打扮、不健身、不理财……无需很久，她们便尝到了自暴自弃的苦果。

另外，除了搞好容颜、健康和财富这些基础建设之外，女性在婚后一定要保持与社会的无缝衔接，在信息和人际关系上不能闭塞。

千万别把婚姻变成围困自己的囚笼，不要为了家庭牺牲所有的自由。如果为了婚姻而消灭掉自己作为一个个体的社会属性，那就真的成为配偶的"私属物品"了。

与社会联结的最好方式，便是工作和学习。不要轻易放弃工作，如果不得已暂时搁下了工作，那么一定不要停止更新自己，要不断学习新的东西，不断为自己注入新的活力。

可以学习打高尔夫，享受阳光与氧气，培养独立思考和判断能力；学习评鉴美酒，体验味觉的芭蕾，培养恬静的心性和高贵气质；学习摄影和舞蹈，提高艺术审美能力，把生活过成诗，把自己活成行走的艺术品……

千万不要觉得这些雕虫小技学来何用？人和动物最重要的区别就是，动物所做的每件事都有用，都是为了生存和繁殖，而人要做许多没用的事，比如琴棋书画，比如爱与等待。

所谓"有用"，是指为了获得眼前利益，不得不做，所以做得很累；

而所谓"没用"，是当下可能用不上，但却可以丰富你的生命、充实你的人生，所以是享受、是快乐，也一定会在未来某个时间，带给你回报和惊喜。

总之，经营自己最重要的是，不要让脑袋生锈，因为脑袋决定你的口袋，而口袋里的自由可以影响你一生的幸福，决定你脸上的笑容。

如果有条件，女性可以学会经营一个事业，并让婚姻成为这个事业的支撑与后盾。好的婚姻绝不会吞噬女人的才情灵性、压榨女人的精力智力，而是会为女性提供充足的给养，为女性插上腾飞的翅膀，助其展翅飞翔，之后反哺婚姻和家庭。

京东集团创始人刘强东的妻子章泽天，以前在网友口中一直褒贬不一。但从 2017 年起，她开始甩掉"富商太太""网红女"的标签，努力经营自己，并赢得了赞声一片。

对于嫁给富商的女性，人们特别不愿承认其本身的优秀，总认为她们是长得漂亮加上运气好，都是命运的眷顾。

在微软实习的时候，章泽天就想要撕掉自己身上的"花瓶"标签，但是从和刘强东的恋情曝光到结婚，甚至到婚后很久，似乎"花瓶"这个标签在她身上却越贴越严实——漂亮姑娘嫁了一个富商，下一步就是当一个高枕无忧的阔太太吧。

结婚之后，她很快就生了孩子，当一个阔太太的想法似乎进一步被证实了。结果，章泽天产后迅速转换形象，开始致力于公益事业和投资，很快就完成了从网红学霸到妈妈，再到投资人和慈善家的转变。

就像她自己说的，她和丈夫分工明确，刘强东管京东集团所有的事情，她负责投资和慈善。她不光投资了我们所熟知的 Uber 等企业，还投资了"作业盒子"、婴幼儿奶粉企业，还有一些 VR 产品和智能奶茶店。

在 2016 年的新财富榜单中，别人都是以个人或者父子、家族的名义上榜，只有刘强东和章泽天是以夫妻名义。23 岁的章泽天，已经拥有 500 多亿元的身家。刘强东说："家庭的投资全部交给太太来处理，我不会看，完全信任她。"

相比"投资人"这个身份，章泽天这几年最上心的事情还是做公益。自从俩人成立了慈善基金会后，章泽天在 2015 年天津爆炸事故时，直接以夫妻名义捐了 1000 万元。在联合国粮食署发起的"生命最初 1000 天"项目中，章泽天也以志愿者身份去了重庆，探访当地贫困儿童，给他们带去了需要的物资。另外，刘强东一直有"乡土情结"，想让自己家乡宿迁的孩子们享受更好的教育，章泽天也帮他实现了这个愿望。因为有了事业的加持，章泽天越来越自信，又推动了一个公益捐赠平台项目，并在网络上分享了她与比尔·盖茨探讨项目时的视频，赢得了一片赞誉。

3. 婆媳关系是"外交"，应划在小家庭之外

全世界的婆媳关系都不好相处。

2009 年 7 月，剑桥大学心理学教授特里·阿普特（Terri Apter）在美国出版了《你想让我怎么做？》一书，在分析了之前 20 年的调查数据后指出，处理婆媳关系要比男方和岳母的关系难得多。在美国 163 名受访者中，超过 60% 的女性因为与婆婆的摩擦而产生持续的心理压力，而只有 15% 的男性称丈母娘让自己头疼。

参与这项研究的女性说，她们和婆婆的摩擦，通常因两件事而起——带孩子和做家务。当育儿家务的新手儿媳和自诩经验丰富的婆婆要争论对错高下时，冲突就出现了。

西方婆婆普遍会担心，如果媳妇的价值观和做事的习惯与自己家庭一贯所秉持原则的不同，那么自己的儿子和孙子就都被带偏了。有时她们还会担心种族或宗教信仰的明显不同，会对儿孙带来影响，甚至有时会因为"应该谁来熨衣服"这类具体的事情而发生摩擦。

参与调查的三分之二的儿媳妇都会感到，自己的婆婆因为儿子与自己恩爱而吃醋，而三分之二的婆婆则感到不被儿媳妇所接纳。婆婆们觉得自己被边缘化，而媳妇们则常常感到不被认可，或者因生活被婆婆过分介入而无奈。

在中国，婆媳问题似乎更是千年无解。

在我情感疗愈师的职业生涯中，关于婆媳关系的求助案例大约占到了女性咨询者案例的60%。在这些案例中，属于婆婆越界干预小家庭的情况，又占到了80%。

举一个典型的例子。最近，有一个叫小白的客户，对我描述了她的婆媳关系。

她的婆婆就像垂帘听政的慈禧太后，坚持做到事必躬亲，随时去她的小家光临指导；她的老公像是未成年的光绪帝，像一个提线木偶，完全没有主见，事事要靠母亲大人的耳提面命；而小白自己呢？即使住在自己全款买的房子里，存在感也逐渐隐匿在婆婆的光芒中，幸福感越来越弱。

家中的大事小情，婆婆都乐于参与决策。大到生几个孩子、什么时候生，小到家里应该有几个垃圾桶、洗衣皂应该用什么牌子……在每个生活细节中，都渗透着婆婆的"主体思想"。

最让小白受不了的是，近期婆婆居然开始干预他们的财政问题，婆婆要定期收缴老公的薪酬。婆婆给出的理由是，小两口的收入不菲，一个人的收入用于日常花销就足矣。老公的钱要交出来，由婆婆为其妥善保管，用于应对大的变故和危机。

我问小白："从始至终，婆婆的要求你都满足了吗？"

小白说："在婆婆干预财政前，我都默许了。"

我说："这就对了，你百依百顺，怎么能怪你婆婆得寸进尺？"

人们常说，婚姻不只是两个人的结合，更是两个家庭的结合。但我的观点是，我们至少要尽力使婚姻小于两个家庭的叠加。毕竟，将婚姻变成最复杂的人际关系，这完全背离结婚的初衷。

在现实中，我们总会看到，以婆婆为首的、男方的原生家庭成员，总是热衷于参与新婚夫妇的小家庭，并试图帮助男方赢得主导权。而婆婆，往往是站在最前线的指挥员，是最擅长未雨绸缪的那一位。

可以说，全世界的婆媳关系都有一言难尽之处。而在中国，有些家庭的婆媳问题已然变成了夫妻关系的最大负面影响。据统计，有近半数的夫妻离异与婆媳关系紧张相关。

有趣的是，虽然婆媳问题千年无解，困扰着一代又一代女性，但是当多年的媳妇熬成婆，当儿媳妇的身份转为婆婆后，她们的价值取向和行为立场，会立即发生巨大转变。

女性之间的同理心，很快就会让位于作为婆婆的"骄傲"。生活当中的一些婆婆，在身份转变之后自动获得了"迷之自信"，顷刻间充满了战斗精神。

追根溯源，这种类型婆婆的形成，主要缘于文化和历史。儒学是中国传统文化的主导思想，它主导着中国古代的主流意识，也影响着现代社会的价值观念。儒学中的"礼治"，讲求贵贱、尊卑、长幼、亲疏，各有其序，各有其礼。在封建社会，婆婆为尊、儿媳为卑。即使在今天，儒学对家庭伦理规范的参照作用，依然没有消失。所以，我们也就不难理解，当儿媳的身份发生转变，成为婆婆时，相当于从权力系统的末端，一下子晋级到了顶端，实现了跨越等级的飞跃。

男人来自火星，女人来自金星。而婆婆自从成为了婆婆，便有了女性的生理样貌和男性的视角。此时，婆婆和儿子因为"三观"惊人一致，而结成了天然同盟，与儿媳妇这个外来人员，形成了二对一的局面。而这样的母子抱团，又进一步加重了儿媳妇的失衡与失望，加重了婚姻危机。

不管对错，无问西东，母亲永远正确。于是，在处理婆媳矛盾的困局中，儿子们有了行为依据，我们时常听到丈夫对妻子说：

"我妈这么善良，怎么会为难你呢？"

"我妈养我这么大不容易，你让着她点。"

"我妈怎么会有错？"

"我妈都是为我好，你能不能不跟她计较？"

我们看到，"妈宝男"婚姻中的婆媳关系问题，才相当具有普遍性。独生子女们在生活自理能力和精神独立上，都会有一些欠缺，有的独生子做惯了啃老的少爷，有的独生女则常怀公主梦。他们在缔结婚姻时，常常会形成一个需求怪圈：女方依赖男方，希望男方有责任、有担当；男方依赖母亲，希望并允许母亲继续做主包办；男方母亲就理直气壮地担任了小家庭的大家长。于是，护犊心切的婆婆不但与儿媳抢夺话语权，还希望儿媳单方面吃苦耐劳，以确保儿子坐享婚姻之福。

所以，以上种种原因，有文化的、历史的，也有国情的、人性的，婆媳问题的渊源何其深远，成因何其复杂。

想结婚吗？你首先要搞清楚大部分准婆婆的逻辑——新娘新娘，我要给儿子找一个新的"娘"，负责为我儿子吃苦受累谋幸福。怎么样，服不服？不服来战，反正我儿子的事我说了算！

作为儿媳，只有了解了婆婆的逻辑，内心对婆媳问题时才会有所了然、有所释然。

小白问我，该怎样处理她现在的婆媳关系。我说："要改造婆婆，基本上不可能。对于改变不了的东西，只有三种方式——要么接受，要么规避，要么舍弃。"

你既不想忍气吞声，又不想放弃婚姻，那么就只有绕开正面交锋，采取回避策略。

首先，做好从公主到女王的心理转变。弱化依赖心理，散发女主人的气场，学会驾驭和引领各种婚内的人际关系。老公没有主见，这就要求你必须是一个有主见的妻子。否则，婆婆就会越俎代庖，来替你们作主、行使主权。

其次，与婆婆保持距离。这个距离，既包括物理距离，又包括情感距离。尽量不住在一起，保持小家庭的独立性，也没有必要通过故意迎合婆婆来拉近情感距离。

第三，保持行为边界，强扭的瓜不会甜。平时要保证基本的礼数，尽量减少交集，不求助，不相欠，自己能解决的事情，尽量不求助公婆；一旦求助，就要适当答谢，互不相欠。

最后，要积极规避，而不是逃避。如果婆婆的种种行为已经越界，你的沉默就会误导婆婆，让婆婆看不清你的底线。在一次次试探之后，婆婆就又向前跨了一步，试图控制你们的财政。因此，对于婆婆的越界行为，必须当面直接拒绝，表明态度，亮出底线。

下面，总结一下我见识过的各种"与婆婆斗争的技巧"，在欢乐之余，也感叹一下儿媳的智慧和不易。

不理不气

如果生气，你就输了。

应付难缠的婆婆，做到不理不气，既是基本的心理素质，也不失为一种基本策略。任凭你狂风暴雨、闪电雷霆，我自岿然不动，依然我行我素。

我有一位闺蜜，可以在婆婆对老公的哭诉声中，关起房间的门酣然大睡。一觉醒来，老公盘问："你怎么不听妈的话？"

她打着呵欠甩出一句："哎呀，有这事儿吗？我都忘了，没想到，这种小事，妈还真往心里去！"其效果是四两拨千斤，举重若轻。几次下来，婆婆自觉无趣，再无后续。

"口蜜腹剑"

讲文明、懂礼貌，对长辈礼节周到；嘴上抹蜜，笑容可掬；妈长妈短，妈妈最好。

可一旦碰触底线时就毫不退让，在糖衣炮弹的包裹下坚守原则，在语言和态度上退避三舍，在内心和原则上寸步不让。简单点说，就是一堆好话夸赞你，心里有数不怕你。

借夫挡箭

在老公面前经常夸赞婆婆，不给婆婆任何负面评价，充分展示对婆婆的欣赏。但与婆婆独处时，可以就事论事，分毫不让。如此，婆婆对你的一腔怨愤，就只能向你的老公倾诉。老公传达婆婆的不满时，你对其表示理解，并愿意改正。之后，你依然故我。

于是，儿子变成婆婆唯一的诉苦对象。长期以往，儿子的耳朵里磨出茧，开始渐渐麻木，最后不堪其扰，不愿再管。

以牙还牙

以婆婆的方式，对婆婆予以回击。

举一个经典的例子。

有一个儿媳，在医院护理生病的婆婆，顿顿给婆婆吃方便面。众人有些看不惯，都说方便面没营养。

儿媳慢条斯理地说："不会吧，我妈说泡面最有营养、最滋补了。

我流产和做月子时，妈顿顿给我吃方便面。"

众人无语。

其实，婆婆与儿媳，虽共有一个亲人，但各有自己的家庭。如果把婆媳关系当作"外交事务"，挡在小家庭之外，做到礼尚往来、泾渭分明，婆媳问题就不会成为问题。

4. 生育事关两人，但终究是女性的权利

不可否认，在中国，大多数婚姻都会与生子打包在一起。

在传统观念中，三代单传的要生，不然有辱家族延续的使命；重男轻女的要生，不然没有男丁接续香火，等于没有后代；有了男孩以后，婆婆还想要个女娃的要生，一子一女凑成个"好"字，多吉利！

随着二胎政策的放开，又有很多观点浮上水面。有人说老二比老大要聪明健康，所以要生第二个，否则，男方家族的优良基因就无法传承；一个孩子太孤独了，要生第二个，否则，孩子的童年没有玩伴，长大以后没有手足亲情；或者，什么理由都不需要，只要丈夫一句"我喜欢两个孩子"，就该生第二个……

但是，国家的法律说：生育事关两人，但终究是女性的权利。

在法律条文中有明确规定，"女性在婚姻内有生育子女的权利，也有不生育的自由"。如果配偶在生育方面与女方无法达成协议，或者对女性的生育行为不满，可以申请离婚，但不能强制对方受孕，也不能强制对方妊娠。

有人认为"胎儿是丈夫精子与妻子卵子的结合，是夫妻的合作产出，怀孕的妻子无权单独处置"，女性的自主避孕或人工流产也被一些人谴责为"私自""擅自"避孕或堕胎，甚至是"侵犯丈夫生育权"的"违法"行为。

但正确的理解应该是，妻子自主人流是对自己身体的一种处置，是对"不生育"的一种自由选择。结婚本身并不意味着双方必须要生孩子，如果夫妻间未达成"要孩子"的一致意见，那么妻子无论是自主避孕还是堕胎，都不构成对丈夫的侵权。

怀孕、妊娠、哺乳，在这漫长的过程中，女性承担着特殊的职能，起着难以替代的作用，也独自承担着一系列艰辛和风险。从卵子受精、十月怀胎，到一朝分娩，再到哺乳抚育，女性的身体不但要承载生理负担，还要承受着巨大的心理压力，甚至生命危险。不仅如此，妇女的生育过程，也直接影响着胎儿的健康发育与安全。

在现实生活中，除了怀孕、妊娠和哺乳之外，在子女出生后的抚养方面，也是女性在履行更多的义务。权利和义务从来都是相伴而生的，在生育上更多地赋权于女性，既是对生育主体的特殊保护，也体现了法律的公正性和人文关怀。

然而，法律毕竟是女性保护自己的最后一件武器。在现实中，生孩子的风险是不确定的，但不生孩子会遭到的非议，却是必然的。

女性的生育压力，主要来自生活中那些软性潜规则。要不要孩子，什么时候要孩子，要一个还是两个孩子，甚至临盆时是剖腹产还是顺产……这些问题，几乎都要被放在"以女性牺牲为要义"的伦理背景下，去经受夫妻和双方家庭的痛苦磨合。

实际上，关于生育的决策，往往是女性自主自愿者有之，无奈妥协者有之，被胁迫而就范或被动做出牺牲者亦有之。不到万不得已，谁会撕破脸，拿出法律条文来保护自己呢？

以六六的小说改编的热播剧《王贵与安娜》里有一个片段：

安娜怀孕五个月的时候，国家突然恢复了高考。安娜有大学梦，于是就和王贵提出要去参加高考。王贵不同意，安娜气得拿离婚和引产来威胁他。两人你来我往，冷战许久，最后王贵使出各种手段阻截了安娜的档案，让她参加不了高考。安娜心灰意冷之际，一大清早去医院做引产。

在医院里，接生的产房里欢天喜地，流产的病房却哭个不停。医生说："有一位女子的婆家找了算命的，说这一胎是女孩，因为她已经生了好几个女孩了，于是就来引产。"护士问："自个儿要流产，哭什么劲呀？"医生冷笑着说："这不引产以后一看，是个男孩嘛。"安娜在他人的悲喜里反复思考，想起了自己的大女儿，于是咬咬牙放弃了引产。她一出门，正好看见王贵带着女儿在医院外傻傻地等着她，安娜的内心中突然原谅了王贵。

不管是安娜对孩子的隐隐期待，还是王贵的柔软起了作用，安娜最终还是没有拿出愤而决绝的勇气实践最初的决定。在她的性情里，像绝大多数女性一样，为自己鸣不平的"愤怒"，已经被社会强调"温文尔雅"的文化磨平了。"不将就"三个字，需要的底气和运气终究太多。取舍不由己，是几乎所有女性需要面对的现实。

众所周知，并不是所有的女性都适宜怀孕，对于那些患有严重妊娠禁忌症的高危人群，怀孕、妊娠可以令她们随时丧命。但尽管如此，仍然有无数这样的女性，被传统的生育观裹挟着，不惜用生命去挑战医学的禁忌。

2019 年年初，医疗纪录片《人间世》第二季第二集《生日》一经播出，便在全网引发了巨大的声浪。这集影片刺破了两个世界的"次元壁"，呈现了中国式产房的残酷真相。原来，在产妇群体里，居然有着如此鲜明的两极。

那些受过良好教育、经济独立的现代女性，正在摆脱传统的婚姻观、生育观的束缚，重新思考生育这件事，她们被称为"有个体意识、懂得优化自我选择的公民"。

而在女性崛起、宣扬女性独立的当下，仍有大量女性认为"只有生孩子，人生才完整"，她们不惜用健康，甚至用生命做赌注，以换取一个孩子的降生。

这些冒险生子的女性们，大多仍生活在"男主外"的家庭结构中，经济独立的比例比较低（当然其中也有因为喜欢孩子，特别想当母亲的个例）。对于她们来说，生育选择权没有意义：生育不是一个选择，而是一项必须完成的使命。不生育孩子的女性，将不被认可，而不被认可的人生，将无以为继。

然而，如果你认为，经济不独立是让这些女性"舍身生子"、讨好男性的主要因素，那么你就错了。对于不少经济无忧的女性来说，她们的观念并没有进化，反而因为强大经济基础的助力，而对舍身生育的行为更加坚持。

42 岁的网红作家吴梦，患有先天性心脏病、房间隔缺损，合并严重肺动脉高压，属于严禁生育的女性。她与前夫已经育有一子，离异后再婚，再婚的丈夫与前妻也已有两个孩子。

以爱的名义，吴梦坚持要为再婚丈夫再育一子。她在已经怀孕的情况下，极力劝说医院及医生，让医院为她实施了"世界首例高龄肺动脉高压产妇肺移植手术"。不幸的是，她最终因术后感染，于 2019 年 4 月 1 日不治身亡，享年 43 岁。

无独有偶，2020 年 3 月 22 日，患有主动脉瓣膜狭窄的台湾艺人刘真，在已经育有一女的情况下，为了再添一子凑成"好"字，选择了瓣膜修复手术，以利于备孕。结果，手术失败，在一系列补救措施未见效之后不治身亡，享年 44 岁。

这两位女性为了生育而舍生忘死，都在社会上引起了巨大的争议。为什么一个人会把"生孩子"的价值排序，置于自己的生命之前？她们力排众议、坚持己见，显然都是自愿行为。然而，这种自愿的背后，到底是什么力量在支撑着这样的执念？

上海仁济医院产科主任林建华说，很多孕妇在得知自己生孩子的巨大风险后，都会将目光投向丈夫，而丈夫们的态度，则大多数是一种欲说又止的暧昧。"我没意见，你可以自己决定"，这是林建华听到的、出现频率最高的丈夫回应。这样的回应，看起来是尊重女性，而事实上，却是把责任和压力全都转嫁给了女性。最后，敌不过内心的愧疚感，很多女性反而因此更要拼死怀孕。

而更令人费解的是，为无法生育而背负歉疚的，不仅有女性自己，还有她们的亲生父母。为此，他们有时也会要求女儿搏命生育。面对医生终止妊娠的建议，一些女孩的父母会坚决拒绝，甚至还会认为要是不生，他们夫妻肯定要离婚。

在搏命产子的悲剧中，其中心思想其实是用生命捍卫婚姻。在宁可丢命也不能失婚的观念里，女性的生育权被弃如敝屣。

我有一个客户叫阿美（化名），她是一个知名珠宝品牌的全国总代理，已经 45 岁了。她这样对我说："我第一胎是儿子，老公一直还想要个女儿，想圆他的小情人梦。老公的父母也想再要一个孙女，一子一女凑成个'好'字。但我生完老大以后，身体条件不好，需要一直用药控制高血压，肝功能也不正常。所以，我就一直顶着压力，没松口要二胎，但我心里对老公和婆家是愧疚的。

最近，我跟老公又因为别的事情起了矛盾，两个人闹到了要离婚的地步。我总觉得，我们关系不好，跟我不生二胎有关。

我不想离婚，所以我想在今年怀个二胎，老公和婆家也同意了。有了孩子，那点矛盾就不会成为主要矛盾了。老公有了新的牵绊，也就不会轻易想着离婚了。"

　　说罢，她问我："小储老师，你说我的想法靠谱吗？"

　　我说："你自己明明知道这个办法不靠谱，但你还是想生。你想用生命去冒险换一个孩子，再用孩子去试着弥补婚姻的裂缝。但你怎么就知道，你肯定能生个女儿呢？生孩子不是定制的。

　　如果还是个儿子呢？如果还没等到孩子出生，你的命就先丢了呢？也好，命没了，婚姻问题也就解决了。嗯，你修复婚姻的办法，除了不确定因素太多、代价太大之外，倒也没别的毛病。"

　　阿美听了，像个孩子一样哭了起来。

　　如果生孩子能让伴侣回心转意，那么二胎时代的离婚率，又怎会高居不下？在我接手的"夫妻感情修复"案例中，从来没有一例是用"生孩子"来成功扭转局面的。相反，本来和睦的夫妻关系，因为生二胎而枝节横生，比如孕期出轨、月子期出轨、孩子出生后出轨等问题，倒是占了一定比例。

　　在我看来，孩子确实是夫妻感情的催化剂。但其作用，亦正亦反。

　　对经得起考验的优质婚姻，孩子是增进感情的粘合剂；对于千疮百孔的问题婚姻来说，生育多个孩子，则堪比投放了一包炸药，只能加速婚姻的毁灭。

　　打一个比方。如果把一个小家庭、一个婚姻比作一家公司，那么孩子的到来，就像对公司进行了结构性调整，使公司的方方面面都发生了改变。这种改变，会牵动所有当事人的利益。当利益冲突在所难免时，调整不利就会产生矛盾。如果矛盾长期无法解决，就会引发情感消耗，让夫妻情感出现负资产。当情感银行中的存款不断贬值，家庭成员的个人得失开始失衡时，婚姻也就进入了情感储备的耗竭期，开始逐渐走向垮塌的恶性循环。

回顾一下老大出生后的情景。丈夫每个周末和哥们踢球、喝酒、侃大山的逍遥日子，随着孩子的到来，被痛苦地终结掉；妻子不得不辞职或请假照顾宝宝，从此与职场隔绝，生活在孤岛之中。即使有保姆和老人帮忙，产后抑郁也会照样光顾。

最要命的是，根本就没有人，能够与彼时的妻子感同身受，也根本没有人，愿意去试着理解一个一边带娃、一边哭泣的蓬头怨妇。

另外，孩子的到来也意味着，双方的原生家庭可以因此堂而皇之地介入小家庭。原来的二人世界，突然变成了五人世界甚至七人世界，一时间，各种观点、各种习惯、各种说辞、各种情绪交杂一片，变成一场混战。孩子的养育方式、对孩子的教育理念，涉及孩子的一切一切，从宏观到细节，夫妻间尚有不同，隔辈自然有别，娘家和婆家更会有不同观点……婆媳矛盾暗潮涌动，翁婿冲突一触即发。在双方原生家庭的搅局下，妻子越发嫌丈夫不负责、不担当，而丈夫则更加认定妻子是过度矫情、装可怜赚同情。

我对阿美说："可以想象一下，你冒着生命危险生二胎，如果足够幸运，生下的是女孩，而且又母女平安的话，那么你确实可以见到，你们的婚姻呈现出短暂的虚假繁荣。但是，这种繁荣是围绕着孩子，而不是你。"

在一家人忙忙碌碌、看似喜悦的氛围下，你婚姻的危机并不会消失。相反，新生儿降生后，又会有旧的格局被打破，新的资源分配再度发生。而你们夫妻，已经闹到要离婚的程度，你从哪里来的自信和勇气，还想拿孩子当砝码，想'挟孩子以令夫君'？"

也许，你会看到，你的丈夫会因为新生儿的到来，将注意力暂时从夫妻矛盾转移到孩子身上，离婚的事也可能被暂时搁置。但以前的矛盾并没有消失，只是被一堆新的矛盾挤到了后面。如果新的矛盾不解决，在新的一地鸡毛中，又可能孵化出更新的致命的矛盾，而且在新矛盾中，旧矛盾也极有可能被重新激发，再变回主要矛盾。"

另外，一个冷酷的现实是，即使你生了老公和婆家喜欢的孩子，也并不会让他们因此而更爱你。也就是说，孩子是孩子，你是你。"

不少人都会认为，生个孩子可以唤起男人的责任感，从而有可能挽救摇摇欲坠的婚姻。但在我看来，这样的逻辑实在荒谬，如果一个男子不想再对你负责，你又在他肩上再加一副担子，他会因此而对你变得留恋吗？

显然，借助孩子去解决婚姻问题，是一个非常糟糕的办法。因为问题的始作俑者，是婚内的两个当事人，解铃还需系铃人，任何外人都无法助力，何况一个嗷嗷待哺的新生儿？如果孩子的到来，并没有对婚姻起到你所期待的效果，那孩子是否会成为你的埋怨对象，甚至成为你的出气筒呢？

只有两个相爱的人，共同期待孩子的降生，共同陪伴孩子的成长，这个孩子才会接收到来自父母和更多人的祝福，然后再把满满的爱回馈给父母，进而巩固父母的婚姻。

我对阿美说："你的心智，可以助你在商海拼杀、所向披靡，但是在情感世界中，你却还像一个没有长大的孩子。你的身体条件不允许再生二胎，对于丈夫和婆家的软压力，你清醒地抵制了很久。但是一遇到离婚的胁迫，你就慌了，想用自我牺牲去赌一个婚姻美满。"

你怕离婚，多过怕死。命可以丢，但婚不能离。这是为什么？我想可能是，在亲密关系中，你需要与他人'共生共依存'，你不能面对离婚，就像一个三岁的孩子被独自置于荒野，无法面对那样的凄冷世界。所以，即使你知道，你所倚赖的人，在听到你冒着生命危险生孩子时，依然欣然同意，你也要拼死取悦对方。"

然而，婚姻是属于有能力的成年人的'游戏'。只有你下定决心，让内在的那个小女孩长大，赋予她信心、勇气和独当一面的魄力，你才能成为婚姻的主人，成为人生的主人。"

有人说，高危产妇不顾自身安危也要履行生育使命，是因为爱的本能。因为所有动物，都会尽力让自己的基因存在于世上并传递下去，然而人类最首要的本能是生存，而不是繁殖，繁殖的需求不可能高于生存。

阿美就是一个在生育上妥协的典型。她为了挽救婚姻，主动要拿自己的生命去冒险，而法律赋予她的生育自主权，她却想将其拱手送人。

5. 柔性的智慧就是在钝感中示弱

女性，相对于男性而言，是生理上（身高、体能、力量等）的天然弱者。对于女性而言，在面对你的天然强势配偶时，如果不懂得柔性的智慧，只是一味强求，那么结果可想而知。所以，女性在婚内有一个重要的必修课——培养柔性智慧，在钝感中示弱。

日本作家渡边淳一发明了"钝感力"一词，用以指代中年人在婚姻中的手段和智慧。相对于年轻人在情感中的情绪敏感、反应快速而言，钝感力是一种随着婚龄而增长的力量积淀，表现为从容、冷静、沉稳，甚至是恰到好处的迟钝和主动示弱。

有时，在强者面前甘拜下风，保持弱者的姿态与面貌，本身就是一种智慧。但我们也要注意，弱的是姿态，而不是心态，而且"弱"不是"软"，更不是"卑"，是一种柔性的方式，而不是本质上的软弱卑微。

在钝感中示弱，其实是内心强大、自信满满的一种表现，也是女性在婚后需要注意修炼的一种状态。

在婚姻中拥有"钝感力"的人，很少因为琐碎小事而产生情绪波动，比如汪峰和章子怡，他们能够顶着各种压力，在风风雨雨中相处得暖意融融，正是因为他们双方都懂得在钝感中示弱的艺术。

汪峰和章子怡在 2015 年正式结婚时，分别是 44 岁和 36 岁，也许正是得益于"熟龄婚恋"的因素，夫妻双方需要磨合的脾气、习惯和无处安放的叮叮当当的心，都已经提前在各自的人生中磨圆、变软，剩下的就都成了互相理解和相敬如宾。

在真人秀节目《妻子的浪漫旅行》中，汪峰在章子怡动身前，为了让妻子抵御长白山的寒冷，特意为她准备了一件"奇丑无比"的超厚大码羽绒服，很多女性观众都对汪峰的"直男"审美表示出无奈。

然而，章子怡却美滋滋地试穿了羽绒服，还特意尝试了一下汪峰引以为傲的神奇功能——可调节式裆部，不必脱掉羽绒服就可实现如厕。没有一点挑剔，也没有丝毫不满，章子怡笑容满面地说了一句："谢啦！"这种发自真心的柔性处理，让所有人心暖，即使妻子在长白山没有穿这件羽绒服，汪峰也能感受到自己的心意被愉快接纳的甜蜜。

我有一位客户，向我咨询如何"改善"她的"巨婴"丈夫，后来在我的启发和建议下，她颇有成就，心得满满。

"巨婴"，就是一个无法面对"延迟满足"的人。"巨婴男"想要的东西，当下就要拿到，有愿望就要实现，不想要的东西，就要立刻去除，一刻都不想等。尤其在他关心的事情和领域上，那更是必须完全按照他想要的方式呈现，否则就会不悦。因为"巨婴男"极其以自我为中心，配偶就会极其痛苦，几乎所有事情的节奏，都需要按照他的心情和步调来，配偶则完全无法做主。

作为被爱情一叶障目的后果，"巨婴男"的某些特质，往往到婚后才被发现。于是，我告诉她："要改变一个人，将是一个极其艰辛、极其漫长的过程，甚至可能会持续一生。所以，与他相处时不能抱着改变他的想法，否则，不能如愿时，婚姻将会充满痛苦。"

我告诉她，如果笃定要无怨无悔地同这个"巨婴"丈夫生活下去，就要把今后的婚姻岁月，当成对自己的修炼，用自身的力量影响丈夫，陪伴他一点点成长、成熟。在此过程中，如果没有钝感力的支撑，她将会崩溃在半途中。

对待"巨婴男"的核心智慧是：在心理上充当他的"家长"，把他当成执拗的孩子，恩威并施，促其成长。

"恩威并施"中的"恩"，就是充分尊重配偶，尤其是在对外场合中，适时地用语言、眼神和肢体动作等，表达对配偶的欣赏和赞美之情，宁夸张勿矜持。因为男性思想中对"颜面""自尊"一类元素的需求，永远处于"饥渴"状态，而这种零成本的付出，对于多数女性而言基本没有难度。

"恩威并施"中的"威"，就是用自己身上某种独特的美，去征服对方，让配偶对自己持有一种真心的敬畏。而要做到这一点，还是要靠女人在婚后认真经营自己，保持自身魅力，努力让配偶成为自己的"迷弟"。

在与"巨婴男"的亲密关系中，女性一定要推翻百分百贤妻的"人设"，因为越迎合你就会越痛苦。如果妻子总把爱的需求全部压在对方身上，对方就会有机会和优势来操控女性。作为妻子，只有守住分寸和界限，让自己的气场渐强，让"巨婴男"对自己的感觉是又爱又敬，才可以引导"巨婴男"成长。

演员蔡少芬和张晋，是一对公认的神仙眷侣，以恩爱出名。看蔡少芬时刻笑得花枝乱颤的幸福样子便知，她多么享受婚姻生活对她的滋养，而蔡少芬对配偶的满意之情，也无时无刻不在向周围发散，并乐此不疲。

不管是接受采访还是参加综艺节目，自从两人结婚以来，每次提到张晋的时候，蔡少芬的态度只有一个——我老公最帅！我老公最好！而这样的"炫夫模式"，也真的夸出了一位到目前为止零绯闻、爱妻儿的好老公。

当张晋以《一代宗师》中的"马三"获得电影金像奖最佳男配角时，他心情激动地站在台上说："我的太太是蔡少芬，有人说，我这一辈子都要靠她，我想说，是啊，我一辈子的幸福都要靠她。"而此时，蔡少芬坐在台下已然哭成泪人。蔡少芬说："我是一个很爱表达的小女子，总要把美好的内心感受分享给大家。经营一段婚姻，如同对待小孩子一样，你要让他好，夸他就对了，能夸就夸。"

我们每个人心里都住着一个小孩，每个成人也都会表现出或多或少的婴儿特征，只是程度互有不同，更在于如何诱导和激发。蔡少芬的智慧就在于，她在嘻嘻哈哈中早就看穿了这条规律。

美国婚姻问题专家温格·朱利在他的《幸福婚姻法则》一书中说，在这个世界上，即使是最幸福的婚姻，一生中也会有200次离婚的念头和50次掐死对方的想法。所以，能像蔡少芬一样，随时随地将丈夫夸成花，实在是一项需要修炼的本领。

我们必须承认，在男性眼里，夸赞另一半是一种最巧妙的示弱；而在钝感中示弱，则是彰显女性柔性智慧的最具奇效的方式。

FIVE

幸福婚姻的努力法则

结婚与单身，都是生活的可选项。但身为女性，无论选择结婚还是选择单身，都不会是轻松惬意的命题。

在婚姻本位的社会中，选择单身和不婚，必然会面对一些艰难和挑战，因为单身者仍属于统计学意义上的少数群体，游离于配偶制度之外，时刻面临着被忽视和被歧视的态度。单身没有错，但是要经受考验，来自舆论的、社会的、父母的，以及自己对自身信念的怀疑。

然而，进入婚姻之中的女性，也并不是坦途一片。"你负责赚钱养家，我负责貌美如花"，只是一句永远照不进现实的戏言，相反，那些收获了幸福婚姻的女性为此所付出的努力，远比婚前的想象要艰苦卓绝。

1. 表达需求，在不平衡中追求平等最大化

绝大多数女性，在婚后都面临着于家庭和事业之中寻找平衡、在自我和大局中谋求两全的困境。

在有失公平的婚内分工中，在道德伦理对女性的捆绑中，在以寡敌多的亲疏格局中，女性必须调动起昂扬的勇气和智慧，在不平衡中追求平等，追求属于自己的那份幸福。

在日剧《独身贵族》中，有这么一段对话：

结婚之后，我的家人就是你的家人了，家人生活在一起是理所当然的吧，每天早、中、晚，我们很期待你亲手做的热腾腾的饭菜，能帮忙打扫的话就再好不过了。

你说的那不是老婆，是帮佣吧。

老婆不就是这样的吗？

我的梦想呢？我结婚以后不是想只做饭、做家务、带孩子，而是在忙完家务后可以做自己想做的事。

你的梦想，我支持你，但是结婚后家人的生活是第一位吧？

等结婚有孩子之后，家务肯定会越来越多的，如果你结婚只是想要我给你做饭、带孩子的话，我宁愿一辈子单身。

……

对于女性来说，嫁给爱情就是要与对方共创幸福、共享幸福，但爱情对她的回报却是，要她牺牲自己的幸福，为丈夫及其家人谋幸福。《独身贵族》剧中的这位女子，本来想做一个嫁给爱情的幸运儿，却被心上人的一番话敲醒：原来，他需要的不过是一个保姆，婚姻不过是男性挖好的一个"陷阱"，上面铺满了层层叠叠的玫瑰……

我国历经了 2000 多年的封建社会，封建婚姻观也统治了中国女性 2000 多年。封建道德要求女性要做到"三从四德""温良恭俭"，教化女性要沉默、隐忍、取悦伴侣，为的就是让女人"懂事"，从而换得男人"省事"。受这些观念的影响，一些现代女性在婚后果然变得很"懂事"，甚至到渐渐迷失了自己。

我有一个客户，向我哭诉她婚后的遭遇，格外懂事的她百思不得其解，为什么她越善解人意，丈夫就越漠视她的存在。

——她加班到深夜，丈夫问是否需要接她回家，她"懂事"地说："不用，不用，我自己回去就行。"然后，转头又羡慕同事每天都有丈夫接送，真是幸福啊……下次再遇上加班，她丈夫便不再问了，她也因此多了一分隐忍的愁怨。

——要过情人节了，丈夫问她想要什么礼物，她"懂事"地说："不用，不用，我最近什么都不缺。"然后，自己咬着牙删掉了购物车里那条珍藏好久的连衣裙……下次情人节，丈夫便不再问了，她又因此增添了一分惆怅。

——说好了一起在外面吃饭，丈夫因为一位朋友突然需要帮忙而临时爽约，她"懂事"地不气不恼，还温柔地递上一句："没事，早点回家……"下次再约好的事，丈夫居然又没有准时出现，她自然又多了一分压抑的怨愤。

……

我并不倡导女性与伴侣斤斤计较、无理取闹，但是对于原则性问题，对于自己真正在乎的事情，要勇敢真诚地说出来，因为这是爱情和婚姻需要的坦诚，不能用"懂事"来伪装自己的内心。否则，久而久之，妻子的懂事便成了常态，但懂事的妻子却活成了"背景"。

困难能扛、心酸能藏，再难听的话也能忍，再过分的事也不会怨恨……这样的妻子没有任何需求，而丈夫也就失去了对她的珍视。在他眼里，她不再鲜活有趣，不再魅力四射，她的份量也在生活中越来越轻，影响力在慢慢消失。

最可怕的是，久而久之，"懂事"的妻子也逐渐习惯了自我边缘化，默认了自己在婚姻中的无足轻重。

什么样的人最有幸福感？能享有充分做自己的自由，同时也有能力顾及他人的感受。一些婚内女性不幸福，常常是因为失去了自我，变成了愁苦的怨妇。同时，这种不幸福也会让另一半感受不到婚姻的成就感，进而危及到两人的感情基础。

因此，女性不能瑟缩到婚姻的角落里独自垂泪，要让自己强大，让自己充满知性的力量，要去享受婚姻的赋能，该温婉时温婉，该铁腕时铁腕。

著名诗人徐志摩的第一任妻子叫张幼仪，她是一位温柔大度的名门闺秀。她甘于匍匐于诗人脚下充当爱情的奴仆，百依百顺、任劳任怨，结果徐志摩却在其刚刚产子之后，将其无情抛弃。

徐志摩的第二任妻子是陆小曼，她和张幼仪一样出身名门，却个性鲜明而叛逆，冷艳的女皇气质和强烈的个性特质，让徐志摩始终对她关爱备至、服服帖帖。

再看旷世才女张爱玲，那么高冷孤傲的灵魂却臣服于胡兰成，为其低到了尘埃里。即便张爱玲对胡兰成生死相随，她也只赢得了一小段与其厮守的时光，风流成性的胡兰成一生共娶妻七次。

在张爱玲之后，胡兰成又移情四次，最终将他那颗浪子心泊在了畲爱珍的身上，与她共度余生。

畲爱珍是什么人？当时上海滩著名的"黑帮大姐大"，她开酒吧，办赌场，性格彪悍泼辣。张爱玲与胡兰成分手之后，还把 30 万元稿费邮寄给他，而畲爱珍虽富甲一方，在金钱上却从未对胡兰成慷慨大方。

2. 价值求同，在主妇岗位上争取财务自由

生儿育女，几乎是每个婚内女性必经的阶段，但这段时光也是每个婚姻备受考验的一道关卡。

孕产及育儿初期，几乎所有婚姻中潜伏的矛盾都会集中爆发，以前所未有的激烈程度将所有的矛盾推向最高潮。

丈夫的袖手旁观、能躲就躲和妻子的全然付出，儿媳的新思想和婆婆的旧道德，孕产期的生理痛苦和男方的不理解不认同……这是女性在婚内最不堪一击的时光，也是女性在婚姻中负面体验最多、最不愿回首的一段岁月。

但实际上，此时的女性，只要在重重矛盾之中，抓住并解决掉主要矛盾，各种冲突便不会集中爆发出来，也就能愉快安然地度过孕产期。

那么，这个特殊时期的主要矛盾是什么呢？

"劳动光荣，按劳取酬"，这个放之四海皆准的价值规律，在婚姻内部却很容易遭到区别对待。生儿育女往往不被视为一种劳动，

而女性在此期间所遭受的巨大的生理痛苦和精神压力，也被看作是女性天经地义的付出，不但鲜有价值上的认可，连精神上的安慰和抚恤，可能都会被一带而过。而这种反差和感受，通常就是造成女性心灵受伤、对婚姻失望的最根本原因。

有一种比较激烈的说法叫"月子之仇"，说的就是女性在产后没有得到家庭足够的安慰和照顾，从而对婚姻的信念开始产生了动摇。

如果婚内女性坚定地想要个孩子，那么从备孕开始，就要从经济保障、情绪保障、后勤保障等各方面做足准备，规避任何对自己不利的可能性，确保自己在人生最脆弱的时刻得到应有的呵护。

我的客户向我咨询孕产期间的精神准备时，我都会告诉她们下列这些注意事项。

首先，一定要在备孕之前就在家庭内部完成一项准备工作——价值求同。

什么是价值求同呢？就是带着对生育的价值观念去协商，以期达成一致。我们可以按照商业思维来理解这件事：此时的妻子必须把生育当作自己人生中的一个"项目"，一个由自己负责并需要多方配合的重大工程，而丈夫是最重要的合作方。

价值求同，就是向合作方表明自己对生育的观点，彰显出自己的态度，温和而坚定地告诉丈夫——生育是一件大事，这件事关乎妻子的生命，关乎孩子的生命，也关乎整个家庭生活质量的走向。

为了确保生育的顺利，必须在财力、物力和人力上做好规划。

而与此同时，妻子会因为怀孕、生育、产后复原、育儿等原因暂停工作，会因此而暂时丧失与社会的连接，也可能会丧失一些晋升的机会，进而削弱社会竞争力。所以，希望丈夫能够给予妻子最大的支持，在各方面资源上都尊重妻子的安排和调配。

在沟通之后，如果丈夫及婆家人的态度是正向的、积极的，那么就可以和丈夫开始探讨规划细节，最关键的有以下几点。

提前准备好足量资金，作为生育基金，覆盖备孕、生育、产后恢复、产后育儿等三年内所涉及的所有开销，资金到位后再进入实施阶段。当然，这些资金准备也可以包括未来比较稳定的收入，比如工资、租金、理财收益等。

找好孕期护理、产后护理和育儿的帮手，确定人选及各种细节，均由妻子根据自己的判断而安排和决定，丈夫必须支持并配合。

如果丈夫及婆家对这些诉求报以轻慢的态度，或者不认可，则预示着生育"项目"需要延后。因为你与最大的合作方没有在价值观上达成一致，后续可能会出现矛盾和纠纷，也可能会给自己带来很大的压力。

在电视连续剧《我的前半生》中，罗子君为了照顾家庭而放弃事业，得到了丈夫陈俊生在物质方面的补偿，享受着财务自由的安逸生活。其实，如果只从经济学角度来讲，这样的安排既公正又合理，因为罗子君对家庭的付出得到了很好的回报。实际上，这也是全职主妇应该在现实中追求的理想的经济样板。

全职家庭主妇是一种高风险的职业，也是婚内女性应该慎之又慎的一种选择。

全职主妇的劳动是否能被长期认可，经济损失是否能被稳定补偿，在我国《婚姻法》当中，并没有相关的明确规定。因此，全职主妇的工作，便全部系于夫妻感情和男方的善良。

每一份职业都有劳动合同和《劳动法》护佑着，但全职主妇的工作没有。每一种职业都有可持续性，影响着未来事业的发展方向，可全职主妇没有。

如果你从这家公司跳槽，还可以带着经验和业绩口碑到另一家公司谋职，但全职主妇却是一条职场不归路，一旦遇上婚变路断，便只能收拾铺盖走人，甚至讨不到一点补偿。带着一把年纪和空白的履历重归社会，除了有可能被家政公司接纳之外，你只能选择从零开始。

正因如此，全职主妇必须正视并尊重自己的需求，坚守立场和底线，为自己争取到家庭及伴侣的全面充分认可和支持。一旦选择了全职主妇作为职业，就必须"狠"下心来同伴侣"斤斤计较"，以保证自己的劳动和付出得到相应的回报。

如果不具备这样的经济条件，或者不能和伴侣达成协议，或者达成协议后伴侣没有诚意兑现，那就不要选择成为全职主妇。

如何量化全职主妇创造的价值呢？按劳取酬的标尺在哪里呢？

我的观点是：全职主妇所牺牲的，不仅仅是事业和收入，还有自我提升的自由和社会认同。

对于一个收入处于平均水平的普通家庭来说，只有掌握全部家庭收入的支配权，才不枉全职主妇对家庭的全情投入，才会让主妇有全职管家的底气和安全感；对于一个富裕家庭来说，全职主妇要得到的财务支持，应该既能覆盖日常开销，又能额外体现丈夫对她的感恩和价值认同。对此，女性朋友要有一个清醒的估价和坚决的态度。

我有一位客户，婚后共养育了三个子女，是一位忙碌而快乐的全职主妇。她有自己的理财储蓄，有丈夫提供的定期收入，平日的家庭花销全部来自丈夫信用卡的副卡，除此之外，她还有属于自己的房产。是的，中产阶层以上的家庭，通常会拥有保障全职主妇的更好的经济条件。

亦舒在《承欢记》中说："现代女性知书识礼，注定在婚内处于必败之地，因为总觉得许多事不可做，许多事不屑做，还有许多事做不出……"一个在家庭中不愿、不敢，甚至不屑为自己发声的女性，真的无法在婚姻里谋得幸福。

3. 保持求知，让婚姻成为再次起飞的航母

在《我的前半生》原著小说中，罗子君在离婚后感慨地说："一刹那认识那么多新事物，使我这个闭塞半生的小妇人手足无措，悲喜难分。"而罗子君的闺蜜唐晶诧异地说："最难得是你并没有万念俱灰的感觉，我原以为你会挖个洞，把头埋进去，日日悲秋。"

婚姻是座围城，围住了情感，也围住了大部分婚内女性对"城外世界"的探求。对于男性来说，婚姻意味着自由，因为结婚了，就可以放心创事业、闯世界了；对于女性来说，婚姻意味着失去自由，因为结婚了，再也没有闲情逸致去膜拜诗和远方了。婚姻解放了男人的身心，却禁锢了女人的灵魂。

甚至从某个角度可以说，男性因为有了婚姻而拥有了全世界，而女性因为有了婚姻却失去了全世界。当一个人的精神层面不再丰沛，眼界枯萎到只剩狭小的一方时，胸襟自然不再开阔，容颜自然不再舒朗，对幸福的感知，也只能渐渐萎缩成最底端的饱暖欲望……

《红楼梦》中贾宝玉对结婚前和结婚后的女性有这样经典的评论。

女孩儿未出嫁，是颗无价之宝珠；出了嫁，不知怎么就变出许多的不好的毛病来，虽是颗珠子，却没有光彩宝色，是颗死珠了；再老了，更变的不是珠子，竟是鱼眼睛了。

奇怪，奇怪，怎么这些人只一嫁了汉子，染了男人的气味，就这样混账起来，比男人更可杀了！

在当时的社会背景下，为什么贾宝玉对婚后的女性如此憎恶呢？因为宝玉身边的女子，要么嫁了达官贵人，从此高枕无忧，再也不思进取，琴棋书画再也无心问津；要么嫁了寻常百姓，整日灶台烟火，再也无暇自顾，天长日久也消磨了少女的灵性。

所以，精神惰性是婚后女性最容易感染的"病毒"。一个如日中天的国家闭关锁国的后果是遭受外敌入侵，一个活色生香的女子与社会脱节的结果是失去成长的动力，失去原有的魅力。

《我的前半生》原著小说中的男主角涓生喃喃地对前妻罗子君说："我一直嫌你笨，不够伶俐活泼，却不知是因为家庭的缘故，关在屋子里久了，人自然呆起来……离婚之后，你竟成为一个这样出色的女人，我低估你，是我应得的惩罚。"

英国著名球星贝克汉姆的妻子维多利亚，就是一位少有的、在婚后崛起的女性表率，她强大的学习能力，将婚姻变成了一艘供她再次起飞的航空母舰。

维多利亚曾经是英国偶像辣妹组合的成员之一，虽然并不是最耀眼的那个人，但她天生的时尚触觉，让她的着装搭配成为时尚圈的榜样，也让贝克汉姆深受影响，被熏陶成了时尚先生。30多岁时，她开始尝试设计服装，从门外汉到赢得英国年度设计品牌奖，仅用了三年时间。

2015年，维多利亚被评选为英国100个"顶级企业家"的第一名，身价早已经超过丈夫贝克汉姆，达到了2.1亿英镑，她的自创品牌David & Victoria Beckham，创造了营业额在五年内实现跨越式增长的辉煌战绩。在陪着贝克汉姆去美国参加职业联赛期间，维多利亚买下了千万美元的豪宅做投资，同时一边经营自己的品牌，一边还见缝插针生了第四个孩子，那个倾倒了全世界的"萝莉"小七。

维多利亚是一个美丽的女人，有才华，会经营，身价不凡还努力持家，她的智慧就是不管配偶如何优秀，她都会拼命提升自己。

因此，好学的女性，在婚后一定不要消磨了自己的蕙质，请你们努力保持婚前的兴趣爱好，并择其一二向纵深发展，不断愉悦性情，提升魅力。

爱美的女性，在婚后一定不要懒于保养，请你们努力保持对美的兴致，努力提高审美情趣，让自己的魅力指数持续增长。

钟情交际的女性，在婚后一定不要疏离了朋友，请你们继续努力展示温暖乐观的形象，传递独特的人格力量。

喜欢户外运动的女性，在婚后一定不要抖落了阳光，请你们努力完成每天的修身功课，健美的体魄也会为你赢得很多快乐。

　　热爱事业的女性，在婚后一定不要从事业中抽身而退，更不能认为女人的事业可有可无，一定要让自己的价值在创业的路上闪光。

　　总之，永远不要将自己全然依赖于一件事、一个人、一桩婚姻……林徽因曾说过，我们要在安静中，不慌不忙地坚强。你需要做的，就是让你自己一直成长、一直精进，一直在自信与从容中照顾好自己，而不是蜷缩在婚姻里享乐偷闲。你的自信和从容，会让婚姻里的负能量主动对你绕路而行。

先幸福
后结婚

SIX

把离婚变成人生的华丽转身

嫁得好的女性不一定是人生赢家，因为时光雕刻容颜，也一样会雕刻人心；能把离婚变成人生转折的女性，却有可能成为人生赢家，历经一次人生的华丽转身。正如结婚一样，离婚也是一段人生的承上启下，必须严肃对待，做好功课和准备。

1. 关上耳朵，忽略那些不负责任的"劝和"

没有人能为你的婚姻负责，除了你自己；也没有什么感同身受可言，一切冷暖自知。那些"劝和"的人，包括爱你的父母，也包括那些热心的亲朋好友，可能他们的愿望是美好的，但他们也许真的无法理解你的痛苦和你对幸福婚姻的强烈渴求。

他们可能会告诉你，世上的男人大抵如此，世上的婚姻也都是磕磕绊绊；他们会劝你隐忍，会建议你重新调整底线，以包容目前婚姻中的问题；他们会告诉你，男人是家庭的支柱，你应该学着取悦；他们还会帮你描绘单亲妈妈的种种不易，让困苦把你吓退……

其实，婚内有婚内的风光，单身有单身的幸福。《生活大爆炸》中的谢耳朵说："人穷尽一生追寻另一个人以共度一生的事，我一直无法理解。或许我自己太有意思，无须他人陪伴，所以我祝你们在对方身上得到的快乐，与我给自己的一样多。"

看，单飞的幸福人士，并不理解结婚的快乐，就像围城内的你，曾经固执地以为，离婚人的幸福都是逞强做样子而已。所以，准备离婚的你，必须直接忽略掉那些你曾深以为然的"鸡肋道理"。只有这样，才能尽快跳出舆论的包围，进行客观冷静的判断，重新收获幸福。

当然，离婚是一个很艰难的选择，你想离开一段痛苦的婚姻，想离开一段你曾经全身心投入、倍加珍惜爱护、兢兢业业付出的感情，这的确是一场考验意志和理性的"断舍离"。

在抉择的过程中，请你一定要听从自己的心声，权衡自己是否还能继续承受并化解痛苦，思量自己是否还有改善和提升婚姻质量的能力，这些答案别人无法给你。

你可以接受朋友亲人的温情和关心，也可以倾听他们的提示和建议，但是一定要将不负责任的"劝和"排除在外，不能让这些声音扰乱你的心智，干扰你的理性判断。

只有你才是局中人，只有你才知心中痛，只有你自己才能做出判断和取舍。

2. 调整心态，准备一个真诚离婚的积极状态

千万不要认为，离婚只是情感层面的决裂，是一种感性的行为。恰恰相反，人生中没有哪个时刻，比离婚时更需要保持理性。

准备离婚的人，要有一个向好向赢的积极心态。只有这样，才能在维护自身权益的过程中保持警醒的智慧。

在情感的割舍上，要尽量宽容而彻底；在利益的分割上，既要无愧于心，又要积极争取。

属于自己的，请你据理力争、分毫不让，因为生活还要继续，你必须要为今后的独自奋斗，保留应有的物质基础。对方那些巧取豪夺的小阴谋，请你小心辨别，因为利益争夺时，任何自私自利的行为，都可能有大行其道的所谓"正当性"。

3. 胆大心细，力争在财务上最大程度止损

常有客户对我说："婚都离了，家也没了，还要财产有什么用？"

我说："离婚，实在不是一个仗义疏财的好时机，即使你主动选择净身出户，对方也不会感激你的慷慨，不会赞叹你的骨气。相反，他会以为这是理所当然的，因为你心虚。"

德国的婚姻法规定，只要离婚女性不再婚，前夫就有责任和义务一直担负她的生活费用，直到她再婚为止。也就是说，一名德国男子有可能即使看着前妻与新男友风花雪月、只同居不结婚，也只能自己拼命赚钱供其消费。

在美国，德克萨斯州的《家庭法》规定，离婚后，男方对前妻每个月的赡养费最低限为 2500 美元，或者是支付男方每月平均收入的 20%……

在法国，如果男人有过错，离婚时就必须要为自己的行为付出代价，如果女方有疾病证明，男方则可能终身赡养前妻……

离婚时，我们可能得不到前夫的赡养费，也没有相应的家务补偿，

所以争取一份自己应得的财产，这是一个多么紧迫而又合情合理的任务啊。

面临离婚或者已经离婚的女性，我希望大家记住这样一个公式：

家 = 人 + 爱 + 财产

人是家庭成员，成员间的互爱是家庭粘性，而财产是物质基础，是生活保障。即使离婚了，只要你人在、财产在、爱的能力还在，家便一直都在；若是人颓废了、财产没了、对爱也不再抱希望了，那才真的是家破了。

所以，失去婚姻，不等于失去家庭；你在婚姻之外，不等于在家庭之外。婚姻解体后，你还可以保有家庭的温暖，除了原生家庭的温暖之外，你和子女之间，也显然还是一个更加紧凑、更加互爱的小家庭，天伦之乐依然弥漫。只是与原来相比，有一个曾经的家庭成员，跟你们拉开了距离而已。

如果离婚涉及的财产很可观，争取的难度也很大的话，最好请一位专业靠谱的离婚律师来代替自己的小聪明，有计划、有步骤地守护财产，原则底线就是"对得起自己，不触犯法律"。

即使不请律师帮忙，也要提前充分做好功课，查询并了解"离婚时动产、不动产、存款的分配"等相关法律法规及诉讼案例，将前人离婚的经历转化为经验。不管结局怎样，至少要做到"离得明白，心中无悔"。

此外，尽量不要在争取财产时感情用事。否则，"恻隐"和"仇恨"都有可能让你的决定偏离公正与理性，甚至触碰法律的底线。

4. 母爱是天，尽量不要造成母子分离的遗憾

没有任何证据表明，离婚家庭的孩子所受到的伤害会更多。事实上，让孩子在硝烟四起的家庭里生活，比单亲家庭更不利于成长。孩子会严重缺乏安全感，甚至会把父母相处的方式，带入自己的婚姻观之中，继而影响自己未来的婚姻质量。所以，当婚姻无药可救时，不要因为担心孩子而将就，更不必因为离婚而自责。

同时，作为母亲，请一定要竭尽全力，争取到孩子的抚养权，坚决捍卫陪伴孩子成长的权利。因为母子（女）相爱、相伴，是这世间最美丽、最天经地义的事情。我无意贬低父爱的纯真和价值，也不否认父亲对孩子成长的影响，也不会忽略一些不称职母亲的败笔，但是从大多数人的认知来看，在孩子成长的过程中，母爱相对来说更加重要。

在争取孩子的抚养权时，我们可以参考以下法律条文，如果具备以下条件，女性在争取孩子抚养权时会更有优势。

孩子在哺乳期。《婚姻法》第三十六条规定，离婚后，哺乳期内

的子女，以随哺乳的母亲抚养为原则。所以一般情况下，哺乳期的孩子会判给母亲。

两岁以下的子女。两周岁以内的子女一般随母亲生活，这主要考虑到孩子还处于幼儿期，需要母亲的哺乳，而且相对来说母亲更能给孩子以体贴和照顾。

女方已做绝育手术。孩子虽然两周岁以上了，但母亲一方已经做了绝育手术，而子女的父亲没做，并且在男女双方各方面差距不是很大的情况下，孩子判归女方的可能性较大。

孩子一直跟随母亲生活。法院判决抚养权时会综合考虑多方面因素，如果孩子在成长期间一直跟随母亲生活，或者是父亲的陪伴比较少，如果离婚后改为随父亲生活对其生活习惯改变较大且影响其成长的，孩子判归女方的可能性较大。在电视剧《我的前半生》中，罗子君在法庭上证明她丈夫出差时间多，陪伴孩子的时间少，从而争取到孩子的抚养权。

双方经济条件对比。为了保证孩子在父母离婚后得到更好的教育，法院会比较工作稳定程度、收入情况等，能提供更好的生活条件的一方，获得子女抚养权的可能性就会更大。

男方出轨或有其他不良嗜好。在工作稳定程度、收入情况差距不大的前提下，如果男方对于夫妻感情破裂有过错，比如有证据证明其婚外情等，孩子判归女方的可能性较大。另外，男方有不良嗜好，如赌博、酗酒等恶习，考虑到对孩子成长的影响，法院一般会将孩子判归女方。

孩子的意愿。对于十周岁以上的孩子，法院在判决抚养权时也会考虑到孩子的意愿，十周岁以上的孩子愿意随母亲生活的，法院将孩子判归女方的可能性极大。

男方已有其他孩子。女方无其他子女，而男方有其他子女的，法院会更倾向于将孩子判归女方。

5. 抓紧自愈，尽情享受婚姻外的一切美好

日本有一份报告显示，截至 2015 年，50 岁仍未结婚的人口比例在日本男性中约为 23.4%，在女性中约为 14.1%，刷新了历史最高纪录。在街头采访中，一名 40 多岁的未婚工薪族表示，"工作太忙应该是借口吧，一个人的感觉可能是太舒服了"。

一个人的生活，物质上自给自足，不必分享；精神上自我承当，没有负担；行为上的自由是单身族的最大福利，可以随心所欲，不用向任何人请示汇报；而心灵上的随遇而安，则是单身族的最吸引人之处。

没有孩子的，带着钱去"买买买"吧，那件惦记了好长时间也没舍得买的套装，那双放在购物车里一直没下决心结算的长筒靴，赶快买了穿戴起来吧。

有孩子的，带着孩子和钱，约上朋友或者拉上父母，去憧憬了很久的地方旅游吧，空气是香甜的，人是真心相爱的，景色是明媚秀丽的，夫复何求呢？

孩子太小，又不想花钱的，那就请个假，请父母帮忙安置好宝宝，哪怕是自己睡一个自然醒的美容觉也好，把婚姻里带出来的沧桑和疲惫抖落，把婚内透支的体力和精力都慢慢补回来。

人生最永恒的状态是"变化"。如果你不珍惜这宝贵的单身时光，不抓紧享受当下的自由美好，可真是辜负了命运的馈赠。千万不要为自己安排一个"拧巴"的人设，该接纳时你痛苦，该享受时你抗拒，等到单身结束时你会后悔的。

谁知道，你的下一个"命定之人"，是不是已经在迎接你的路上了呢？

SEVEN

你的幸福模型，由你作主

幸福到底是什么模样？一千个幸福的人，可能有一千种心得，而一千种幸福心得，又可能指向一千种心理模式和形态组合。所以，幸福无法搬运，无法复制，但可以探寻，可以创意，可以根据自己的价值取向去设计和制造。

如果你想拥有真正的幸福，就要认真构建自己的幸福模型，要设定好标准参数，不能在取舍面前"乱花渐欲迷人眼"，始终有清晰的坐标系；要设计好未来生活的支撑点，兼顾精神与物质、家庭内部与外来影响，你的幸福需要有科学的"力学结构"。

1. 生活方式，取决于价值排序

我身边的女性朋友中，不婚者二三，处于婚姻状态者多半，历经离婚者一二，其中已经再婚者又占离婚者的一半。

我不是什么特殊阶层，我的女性朋友圈无疑有一定的代表性。如果把她们当作抽样调查的样本，至少可以说明，现代女性对生活方式的选择，是开放而多元的。

有调查问卷显示，中国男性对女性的审美标准，已经固守了千年。他们理想中的妻子形象，可能千年未变，那便是民间传说中的田螺姑娘。

她貌美心善，含辛茹苦，家务全包；

她体贴勤劳，一心付出，不求回报；

她洗衣做饭，生儿育女，侍奉打扫；

她默默奉献，不求回报，不怨不闹；

她自带能量，全年无休，坚强隐忍，不出风头；

她召之即来、挥之即去，总是能适时地隐身，在不被需要时会识趣地回到水缸……

这是一个妻子"毫不利己、专门利夫"的男性美梦。

然而，渴望田螺姑娘的男性们忘了，这个美丽的传说发生在古代。当时的女性，大门不出、二门不迈，不能掌握任何社会资源，除了扮演"田螺姑娘"的角色，她们别无选择。

如今，时光已经跨越了上千年。同以往任何历史阶段相比，当代女性早已经脱离了"田螺姑娘"的社会背景，迎来了一个女性崛起的时代。

这个时代对女性的好，体现于女性在社会参与度上的广泛支持。虽然性别歧视在某些时候仍然存在，虽然来自传统道德的束缚仍然存在，但各种渠道、各种资源的开放，还是使优秀的女性有了更多上升的机会，有了拔萃生长的社会土壤。

就这样，女性的终极理想，从"嫁个好汉，穿衣吃饭"中，分出了一股"自己能干，丰衣足食"的清流。随着女性群体的崛起，这股清流越来越汹涌，渐渐汇成了家庭中的主流。

然而此时，那些跟不上时代发展的钟爱田螺姑娘的男人们，开始变得心理失衡了。妻子的全能，让丈夫失去了一家之主的掌控感，但他们却绝口不提，女性的三头六臂往往是因为这部分男性在婚内的不作为而被迫练就的。

　　人们常说，一个成功男人的背后，总站着一个贤内助妻子。也有人开玩笑地说，在一个成功女人的背后，往往是一个"油瓶子倒了都不扶"的丈夫。

　　我认识近百位女性企业家，其中夫妻共同创业的，大概有十几对。夫妻创业所面临的情况会更加复杂，多种立场、权利、责任和义务的交缠不清，以及夫妻之间不可避免的能量博弈，都让创业夫妻的婚姻面临更多挑战。在我所认识的近百位女性企业家中，失婚者十之六七，还有一到两成正在酝酿离婚，很少有人能打破"女强人"的离婚魔咒。

　　在现实中，当女性倾向于事业、无法兼顾家庭时，可能会遭到伴侣的指责；当女性拼命去平衡家庭和事业，将事业做得风生水起，将家庭也经营得井井有条时，也可能还得不到伴侣的理解……这是为什么呢？因为真正失衡的，根本就不是女性在家庭与事业上的投入配比，而是某些"女强人"的伴侣们，在妻子的优秀面前所呈现出的弱者心理。

　　虽然，社会大环境对"女汉子"和"女强人"摆出了亲切拥抱的姿态，但婚内伴侣对女性的"微词"却有增无减。从某个角度看，女性在奋力拼搏的同时，并没有得到足够的道德观念支持和法制护佑，女性的社会角色和婚内角色需要遵循互相抵触的双重标准，让女性压力倍增，筋疲力竭。

　　实际上，田螺姑娘式"贤妻"早已被现实所淘汰，妻子将自身价值寄生于丈夫和孩子的年代也已经远去。但有些男性仍执着于充当婚内的"大丈夫"，努力将婚姻营造成自己的舒适区，对家务和子女养育很少分担、不愿参与。

于是，被现实所迫的女性，开始对自己的价值排序和生活方式进行反思。一部分既不愿轻易放弃婚姻，也不舍得放弃事业的女性，为了两全其美，不得不透支精力体力，自我发展出"三头六臂"。只有这样，她们才能一手拥抱家庭，一手拥抱社会。

另一部分女性疲于职场上的竞争，选择了彻底回归家庭，相夫教子，享受全职主妇的与世无争。

还有一部分女性逐渐意识到，女性在婚内的劳动难以体现价值，所以做出了更清晰的价值排序：果断走出痛苦无望的婚姻，或者选择先立业后结婚，甚至选择不婚（也可能是暂时不婚）。

所以，女性只要对自身有一个清醒、不纠结的认知，正视自己的欲望，诚实表达自己的需求，就会找到与自己内心匹配的生活方式，找到通向幸福大门的钥匙。

我有一个客户叫小南，是某大品牌的大中国区高管，在她身上，我看到了朝气蓬勃、才华横溢的女性风采。她虽然年轻，但是对人生、理想和爱情，都有着非常积极正向的期待和愿景。

当小南邂逅了爱情之后，很快变成了一个幸福的发光体。彼时的她，一颦一笑都散发着被爱情浸泡的、甜甜的味道。

可是，问题很快就来了。男友嫌事业上升期的小南工作太忙，与他共处的时间太少，希望小南能换一个轻松的工作。男友豪气地拍着胸脯说："你换工作的事，包在我身上。"男友的父亲是一位成功的商人，应该有很多人脉资源，帮小南换一份工作，想必不成问题。

于是，小南陷入了两难，找到我征求意见。我说："我可以建议你听从男友的意见，因为诗里都说，生命诚可贵，爱情价更高。我也可以建议你守护事业，因为事业里有你的汗水和智慧，也有你的阶段性成就，有你打下的江山。然而，问题的关键点在于，你的价值排序是什么样的？好好听听自己的内心，比我的建议更有效。"

后来，小南没有换工作，倒是男友在爱情中妥协了。我很为她庆幸。

首先庆幸的是，小南没有轻易放弃理想，因为以放弃理想为代价的爱情，其本质上可以看成一种掠夺，充满了负能量。其次，我庆幸的是，男友在小南的坚持下，停止了对她理想的挑战。如若不然，爱情刚拉开序幕，就要探测女孩的底线，改写女孩的现状，这场爱情也未免过于以自我为中心。

然而，即便这样，我对这段感情也有担心的地方。好的爱情会催人奋进，让人更加坚定理想。如果一段爱情，总试图让对方消磨理想，那么至少这份爱情不是很正向的。如果爱情要否定对方的理想，那就几乎等同于否定对方提升自我的权利，等同于以一种温柔的口气向对方说："姑娘，我爱你，但请你不要变得更好，因为那样会让我相形见绌，会把我反衬得失去光芒。所以，跟我在一起，就别想着自我发展了，来迁就我的自卑和狭隘吧，请为了我，过一场碌碌无为的人生吧！"

小南第二次来找我时，已经结婚，丈夫就是那个曾经让她换工作的男友。事实果然验证了我的隐忧，婚后的小南再次陷入了情感博弈。几年前，创业大潮回落，资本市场普遍趋冷，然而小南手里的一个项目却逆势上扬，得到了几千万元投资。于是，她从某大品牌的区域高管，变成了一个公司创始人、一位年轻的董事长。

当时，公司正在经历初创期的跨越式发展。小南带领着团队，冲业绩，攻市场，兢兢业业，废寝忘食。相比之下，小南的丈夫就悠闲了很多，每日朝九晚五，作息非常规律，工作之余有大量的时间。于是，早出晚归的小南和丈夫的交集，就变得非常稀缺。

久而久之，丈夫开始牢骚满腹，一有机会就对小南的事业嘲讽打击、泼冷水。小南一回到家里，就会觉得自信心受挫，心情受到严重干扰。

为了安抚丈夫的情绪，小南也做了很多工作：她雇了家政服务员去家里做家务；她定期和丈夫沟通，解释自己和企业的状况，希望得到他的理解和支持；她鼓励他参加各种社交活动，希望他可以发展自己的兴趣爱好；小南还邀请丈夫去公司参观，让他看到自己和团队的忙碌成果，并在团队面前给予他充分的礼遇和尊重。

然而，小南的丈夫还是无法安抚失衡的内心，居然还和小南团队中的一个女孩产生了情感纠葛。小南说："本来，我每天早出晚归，心中对他还有一些愧疚，但是他这么一搞，我简直怀疑当初自己是不是遇到了假爱情。为什么女人想干点事，所遭遇的阻力居然首先来自自己的爱人呢？"

我说："有一个事实，你必须认清，无论你的伴侣多么爱你，只要女人步入婚姻以后，在事业上都会或多或少受到影响。不爱你或者假爱你的伴侣，会要求你充当他的保姆，一心一意伺候他。当你投入事业时，他会不断乱你心智，让你无法平静心绪，很难集中精力干事业。而真爱你的伴侣，又会在你想冲出去打拼时，心疼地对你说，他不想让你这么拼，风雨苦累都让他来。"

小南从基层做起，在职场的阶梯上稳步攀登，最终赢得了伯乐相助，为她插上了可以搏击长空的翅膀。她的心中，俨然住着一个新生代、年轻版的"董小姐"，在那里运筹帷幄、振翅欲飞。

我对小南说："像你这样有理想、有抱负的女孩，如果因为婚姻而在事业上半途而废，那么有一天你将会意识到自己的懦弱，为没有坚持理想而痛悔终生。所以，我绝不是在劝你与婚姻为敌，而是在提醒你，要正确认识自己的能力和价值，也正确估量这份婚姻在你生命里的位置和作用。"

我曾经遇到过很多优秀的女孩子，她们在工作中精明强干、悟性极强，但是当她们得到赏识、被委以重任时，她们都退却了。问其缘由，有的是因为要照顾孩子和老人，无法接受加班和经常出差；有的原因则更可笑，因为老公不同意，怕下班太晚。

其实，"如何平衡家庭和事业"这个老生常谈的女性话题，根本就是个伪命题。为何在婚内需要面临平衡窘境的多数都是女性？就是因为有些男人将自己不愿做的事情统统推给妻子，然后再想方设法防止妻子"翅膀变硬"，怕她们不甘于照顾家庭。

我们不得不正视这样一个问题：在有些家庭中，女人追逐自我发展道路上的最大障碍往往就是婚姻。当然，男性伴侣们不一定都抱有恶意，但现实是男人会习惯性地挡在女人前面，看似是在保护、在承担，其实也是在遮住女人的视线，按住女人正在发力欲飞的翅膀。

然而，实事求是地说，选择权终究都在女性自己手里，如果协调得好，婚姻和事业并不一定会完全对立。

如果你的婚姻幸福，别沉醉于这点"小确幸"，你该对他说："谢谢你，让我感到幸福的踏实，但我依然想成就更好的自己。"如果丈夫玩命拖你的后腿，你也别慌张，别让他的负能量影响了你的磁场。

小南的丈夫出轨后，小南反而冷静了下来。她首先选择了冷处理，与丈夫分居，以便完全不受干扰地工作、思考。仅仅三年之后，公司就在小南的带领下，成为业界翘楚。后来，经过多轮商洽、多方考量，小南同意与另一家公司打包上市，阶段性达成了自己的梦想。

去年，小南已经与前夫协议离婚。如今的她，对新的生活和新的感情，都充满了向往。

2. 唯有成长是不变的幸福

在主流文化中，结婚已经被构建成了如同上学、工作一样的里程碑式的成长阶段。当然，我们必须认同这一点，一段幸福的婚姻，不但可以成为一个社会的优质细胞，也可以变成为个体赋能的加油站。

封建社会的女子，如果不依附于婚姻就没有经济来源，所以她们结婚的目的就是在婚姻之中求生存。现代社会中，女性大部分都能够实现经济独立，所以她们对婚姻的诉求，主要是基于性别的情感归属，基于价值观念的被社会"肯定（有夫有子，人生完满）"，以及基于利益的协作取暖。

艾米·盖伦（Amy Gahran）在 2017 年出版的《走出关系电梯：共同的爱与生活（Stepping Off the Relationship Escalator：Ucommon Love and Life）》一书中提到，被主流社会所认同的亲密关系的发展方式，是一种手扶梯式的上升：两个人相互接触、亲密告白、确立关系，然后稳定磨合、做出承诺，最后到达扶梯的顶端——婚姻。

然而，在这种社会文化的建构中，两性却受到了不同的影响。在步入婚姻之前，女性往往被告知，随着岁月的流逝，她们在不断地丧失资源——青春和美貌，而男性则被描述成在不断地积累资源——阅历和财富。实际上，随着女性的经济独立和社会活跃度的提升，女性也在积累阅历和财富，随着颜值经济和婚恋格局的悄然变化，男性也在不断失去年龄优势。

但在观念的惯性彻底消失之前，反复规劝、催促女性赶快走进婚姻，成了一种既善意又正义的主张，而很多女性则始终饱受着一种"怎么还没找到另一半"的恐惧。

这种恐惧，极大地削弱了女性在婚姻上自主选择配偶和等待"Mr. Right"的权利。就这样，不由自主、不知不觉之中，女性会在亲密关系中，把焦点放在如何进入婚姻和坚守婚姻，而不是放在如何鉴别婚姻和经营婚姻上。于是，女性恨嫁、女性为了结婚而结婚成了一种现象，而一些女性因为择偶仓促，或者因为对婚姻缺乏准备，常常在婚后因为遇挫而陷入迷茫。

婚姻中的幸福感究竟来自哪里？

主流价值观告诉我们，婚内幸福女人的标配，是一个知冷知热的老公和一个乖巧的孩子。夫"暖"子孝，就是已婚女性的幸福。有些不善思考的女性朋友，只知其然，而不知其所以然，将幸福的表象当作了本质，并开始为此而放弃事业，为此成为家庭的全职"保姆"。这种行为就等于将自我提升的机会局限在柴米油盐之中，把自己的成长框在了一个房顶之下。

积极心理学之父赛利格曼（Seligmen）提出过一个全面的幸福模型——PERMA 模型，而在 PERMA 模型中，幸福的第一个要素就是积极情绪（Positive Emotion）。积极情绪是快乐的近亲，是轻盈的、愉悦的、松弛的，兴奋的，是幸福最原始的意义。积极情绪包含快乐，但远不止于快乐，还有前瞻和希望的涵义。

幸福的第二个要素是专注和投入（Engagement）。当我们全身心投入到一个事物或是一项事业中时，我们会感受到和创造出一种特殊的秩序和节奏。因为我们在掌控这种节奏的过程中有所付出，所以我们在结束后总是能享受到充实、满足、安详和平静的感受。我们体会到了自身的成长和专注的快乐，这种感觉如此美妙。

幸福的第三个要素是社会纽带（Relationship）。我们都生活在一定的社会关系中，爱和友谊是我们赖以生存的基础。在人际关系中，有伤害，但更有援助，我们学着感恩、宽容和谅解，我们在爱与被爱中体会到各种正向的感受。

幸福的第四个要素是人生意义（Meaning）。我们每走一步，都会经历一些挫折，之后克服困难、超越自我，再获得一些心得。每当我们为现实所扰，都会萌生出对人生意义的困惑，当困惑消解、答案明晰时，我们都会明心见性，更加坚定沉着。

此外，几乎在每个人的生命中，都会有某些时刻，人们比渴望快乐还更加渴望被某种使命召唤，或者被某些群体需要，为了一个伟大的目标，像英雄一样忍受痛苦。我们会梦想着，我们的人生意义以一种与众不同的方式得以体现，我们的自身价值以一种闪光的方式去彰显。

幸福的第五个要素是成就（Achievement）。我们都希望自己成为人生赢家，并不是只为了金钱和权利，还为了站在更高处，为生命迎来自己的高光时刻。

积极情绪、专注投入、社会纽带、人生意义、成就，这五大要素，缀连成了一条个体成长的轨迹，宣告着幸福的来之不易。没有努力，何来幸福？无论婚外，还是婚内，唯有不断努力、保持成长，才有持续享有幸福的可能。

所以，在婚姻和幸福之间，并没有必然的关联。一个自带幸福体质、不断成长的女性，进入婚姻后，会制造出一种幸福磁场，向四周发散出幸福的光芒。如果这个磁场足够强大，会带动伴侣一起正向成长，成就一段幸福婚姻；如果这个磁场遭遇对方负能量的阻截，婚姻可能会无法正向前行，那么此时，这样的女性至少不会在离婚时伤筋动骨，至少可以在回到单身之后迅速疗愈。

建立在伴侣和子女身上的幸福感，总要仰仗他们的善良厚道和善解人意；只有将幸福的开关握在自己手里，才会得到稳稳的、持久的幸福婚姻。多读书、多思考；交朋友，勤社交；充实生活，滋养内心；不畏惧年华流逝，抵得住流言蜚语。哪怕有一天，那些曾经让你感到幸福的人都已离你远去，你仍然拥有自己酿造幸福的能力，依旧可以活得有滋有味、生动欢喜。

在韩国的一个真人秀节目里，呈现过一个虐心的故事。故事主人公是一位叫真儿的女性，她从 20 岁结婚起就开始不停地怀孕生子，年纪轻轻就已经是三个孩子的母亲。

丈夫从来不帮她照顾孩子，下班后还总是不回家，在外边吃饭喝酒。有一天，真儿去酒吧找丈夫，却遭到他在众人面前的嫌弃和羞辱。真儿回到家里崩溃大哭，但即使她这样也没有埋怨丈夫，只是在不停地自责："自己怎么这么笨，连丈夫都取悦不好。"真儿的不幸，就在于她被剥夺了成长的机会，也失去了创造幸福的能力。

一个被幸福包围的女人，身上是有光的。我身边有很多享受婚姻之美的女性朋友，不管她们的小家庭是否经济优渥，不管她们的配偶平凡与否，无论何时，每当我看到她们时，她们都会用一张"自信而富足的脸"表达着快乐和满足。她们步履轻快，她们常带笑容，她们说话的语速宛如跳跃的音符……

演员孙俪就是一个用自己的幸福成长带动婚姻幸福成长的典范。孙俪是演员，婚前已经在演艺道路上声名鹊起的她，不但没有被婚姻消磨了灵气，反而如虎添翼，婚后育后的每一部戏，都比前一部更加经典。《甄嬛传》《芈月传》《那年花开月正圆》……每一部戏都将观众深深吸引，演技有如神助，赢得了一座座奖杯。

除了本职工作拍戏之外，孙俪也在书画方面大放异彩。另外，她还热衷养生，尝试稀奇古怪的养生餐，这都让她的家庭生活充满了乐趣。在孙俪的家庭中，夫妻事业蒸蒸日上，一双儿女活泼可爱，她和丈夫邓超在微博上经常甜蜜互动，隔着屏幕都能让人嗅到幸福的味道。

她在过自己的生活，也在无拘无束地成长。她成长，所以幸福；她幸福，所以引领婚姻走向幸福。婚姻对于她来说，是锦上添花，而不是幸福神器，更不是救命稻草。

对于多数中国女性来说，徐静蕾算是女子中的"异类"，是令女人们"脑洞"大开的一种存在。看到她的生活，你会惊异——原来人生还可以这样过，你会慨叹——女人真的可以放下包袱、跳脱世俗，可以活得这么幸福而有尊严。

徐静蕾的世界太自在、太精彩了，她的职业不断切换，从玉女演员、博客天后到书法家，再到女导演，无一不成功，每一个阶段都有里程碑高高竖起。每一个文艺男都对她倾力追捧，每一段感情结束时男友都心甘情愿地成为闺蜜……而徐静蕾却是一个坚定的不婚主义者，她在事业上完成一个又一个版块的跨越，在人格上成就一次又一次整合和超越。

其实，男人和女人都应该学学徐静蕾，学习她让自己幸福的能力。徐静蕾的演艺起点始于赵宝刚导演的《一场风花雪月的事》，赵宝刚对她的评价是"演艺圈内五年出不了一个徐静蕾"。

1998年，偶像剧《将爱情进行到底》让徐静蕾成为一代人心中的女神，次年就当选为最受欢迎的时代女星。在另一批年轻女演员崛起之前，徐静蕾跳出了电视圈去当导演，处女作是《我和爸爸》，第二部作品《一个陌生女人的来信》，让徐静蕾获得了圣塞巴斯蒂安国际电影节最佳导演奖、银贝壳奖，成了一名独立成熟的女导演。2006 年，徐静蕾玩起了博客，她的博客仅仅开通 112 天，点击量就突破了 1000 万大关。又过了一年，她开字库，玩电子杂志，王朔和韩寒都给予大力支持。

2017 年 3 月，在脱口秀《圆桌派》的妇女节特辑中，窦文涛和梁文道请来两位女嘉宾，一位是蒋方舟，另一位便是徐静蕾。关于女权、婚恋等话题，44 岁的徐静蕾在对话中表现出的洒脱自信带给我们女性朋友很多启示。28 岁的蒋方舟笑称自己有"男权遗毒"，而徐静蕾承认，自己在 25 岁时也曾经认为结婚生子是惟一结局，但随着年纪渐长，这些想法已经发生了改变。她不愿拿自己的标准去评价别人，别人结婚时她会真心祝福，但不是祝福他们结婚，而是祝福他们幸福。

习惯了应试教育的我们总是坚信人生的试卷上，每一道题都只有一个标准答案。在回答如何获取幸福这道题时，不知有多少女性会在试卷上书写——结婚。

但实际上，获取幸福的途径很多，比如美味佳肴让我们大快朵颐，这是可以持续一天的幸福；旅行让我们大开眼界，这是能滋养我们数年的幸福；而唯有成长，可以转化成生命的动能，带给我们持续一生的幸福。

3. 幸福婚姻中的平衡和平等

我们都生活在两性世界。《男人来自火星，女人来自金星》一书中说，男女之间存在一场来自不同星球的对话，揭示了两性之间从生理源头上便存在的差异化。如果说，两性之间的生理差异决定了男女在思维和行为方式上的不同，那么社会时代背景下两性之间的价值观差异，则决定了男女双方在婚姻中的主要矛盾。

以当今中国社会为背景，婚内两性之间的矛盾主要体现在以下几个方面：男性对自由的贪婪，女性对爱情的执念；有些男性不愿意承担家务劳动及子女养育，女性则需要内外兼顾，过度付出；男性在婚后更注重自我提升的自由，也就是常说的男人以事业为重，女性婚后则可能会丧失自我发展的机会，也就是常说的女性要以家庭为重。

如果一个人在其世界观形成之前，并没有受到传统性别观念浸染的话，那么这个人就会对男人和女人持有天然的中立态度。但在实际生活中，无处不在的性别文化，却抓住了每个机会，在强化男性和女性的社会刻板形象。

有独立思考能力的男性，应该认真回答下面几个问题。

爱情是美好的，而爱情的基础必须是平等和自由选择。如果我因为贪图男权社会所谓的"获益"，去找一个没有共同精神追求、没有相同价值观的伴侣，这对我来说，是否算是一个好的"收益"呢？

如果我又要爱情，又要对方对我"百依百顺"，是否会有这样的女子能够满足我的要求？

如果我的伴侣和我有相同水平的收入，两个人一起努力买房、买车，不是更好吗？如果我和她一起分担家务，一起照顾孩子，共同经营家庭，不是更好吗？

事实上，在经济社会发展水平较高的大城市，夫妻共同承担家庭生活责任的例子比比皆是，男性努力参与到家务、照顾子女和家庭建设中来的例子，也越来越多。

真正美好的世界里，女人会很愿意靠两个人的工资一起买房、买车，男人也乐于承担家务劳动，喜欢和孩子共度的时光，夫妻双方共同奋斗，把所有的负担都一起扛在肩上……只因为他们是家人、是爱人，而非普通的男人和女人。

作家王小波在《我是哪一种女权主义者》中说过："我承认男人和女人很不同，但这种差异不意味着别的，既不意味着某个性别的人比另一种性别的人优越，也不意味着某种性别的人比另一种性别的人高明。一个女孩子来到这个世界，应该像男孩一样，有权利寻求她想要的一切。假如她所得到的正是她想要的，那就是最好的。"

罗素说："须知参差多态，乃是幸福的本源。"在一个平等的世界里，每个人都有属于自己的个体色彩和特殊形态，并不会因性别不同而被强制塑造成特定的模样。

婚姻中，也许没有绝对的平衡和平等，但在幸福的婚姻中，两性间的权利和义务、付出和回报，至少应该组成一个互相赋能、彼此共赢的能量场。

那么，作为一名受到男权思想影响、不可能即刻免俗的现代女性，要怎样做才能既不辜负自己，又不过于"冒犯"男性呢？我的观点如下：

以欣赏的眼光认可异性优于我们的那些"强大"之处；

承认男女之间的思维和行为方式存在不同；

于千万人中挑出那个"对的"，对爱情不盲从，对婚姻不麻木；

直接拒绝不对的人，不误导自己，不视感情为儿戏，不贪图物质；

努力经营婚姻，做好自己，影响对方；

对于无望的婚姻，不忍耐，不固守；

对于曾经的爱人，不贬低，不憎恨；

不对异性做以偏概全的整体评判；

要注意规避异性风险。

其实，在一个温情荡漾的家庭环境中，很少有绝对不可沟通的男性。如果你正要投入一段感情，或者已经身处一段感情之中，请一定要对你爱的人说：

我爱你，同时我也爱自己，我不会因为爱你而忽略自己。

结婚后，我们必须共同努力。

请用心照顾孕期中的我，当然我也会呵护生病的你。

我们的生活，不接受双方父母的过多介入，我们各自孝敬父母，但要以我们的小家庭为重。

我同意孩子随父姓，并希望他（她）得到父亲的照顾。

家庭中没有绝对的平等，但夫妻双方对家庭的贡献也不能过度倾斜。

我对家庭的所有付出，希望你看到并给予尊重。

如果我们不再适合生活在一起，让我们珍惜往日感情，一别两宽。

EIGHT

先爱自己，再爱别人

著名的心理治疗师和演说家克里斯多福·孟说，寻求两性间的亲密关系，是人的一种本能。按照马斯洛需求理论，亲密关系满足了我们的社会需要和尊重需要，让我们有了归属感。

亲密关系会让我们感觉被认可，能帮助我们修复低自尊，建立高自尊。如果能长期在亲密关系里获得认同，一个人面对挫折时会更自信，也更不容易放弃。然而，要让亲密关系保持美妙的正向力量，前提必须是，它建立在一段良性的、趋于平衡的情感互动之上。

两性间优质的亲密关系，能激发出双方所有的光芒，并让双方都更接近于自己的理想状态，而亲密关系的质量，并不是一味妥协的产物，而是很大程度上取决于一个人对自己的认可程度，其次才是对对方的接纳程度。

女人应当爱自己，应该正视自己的感受和欲望，并保护自己自由绽放的权利。这不同于很多男人通常所说的"女人应该自爱和自重"，不同于那种以男性为本位的、强加于女性的"美德"。

男性所希望的女性的"自爱"，与女性真正的自爱实际上是南辕北辙的。他们认为，女人坚守男人所珍视的东西叫"自爱"，比如女朋友的美丽应该专属于男方，如果展示给公众就叫"不自爱"，而那些不甘愿藏于男性身后、不愿收起锋芒的女性，当然会被他们视为"不自重"。

那么，身为一名女性，到底应该怎样爱自己，才能既不辜负自己，又能与这个现实世界把酒言欢呢？

1. 爱自己的性别

性别作为我们的天然属性，没有选择的余地，也很难改变（医学干预除外）。身为女性，确实会因为性别而感到很多压力，比如一些女生会因男尊女卑的封建残余思想，而遭到很多不公正的待遇。很多女性都曾有过感叹，对自己的性别表示过遗憾。

其实，只有认可并热爱自己的性别，悦纳自己作为女性的一切，才有动力充实并强大自己，才能为自己谋福利。

这个福利，可以是美丽，可以是博学，可以是诗和远方，也可以是能使自己魅力倍增的各种才艺。但不管你追求什么，都不要用它去取悦他人，而要用来装备自己。

2. 爱自己的身体

在封建观念中，有一个很耐人寻味的比喻：女性的生殖系统是土地，男性的生殖细胞是种子，而男性是播种人。播种人是"土地"的拥有者，他们对"土地"有使用权，有对"土地"进行"翻耕播种"的权利。

因此，在封建婚姻观中，男性将处女的生殖系统视为"未被开垦过的处女地"，对女性的贞操有着近乎病态的执拗。在他们的潜意识里，女人如果失去了贞操，就代表着这片"土地"已经被耕种过，这是对"土地"所有者的侵权和羞辱。在这样的逻辑中，女性被整体物化成为男性的私有财产。

身为女性，我们要珍视自己的身体，但这种珍视，是为了我们自己的健康、安全和快乐，与男性无关。作为女性，我们必须承认，我们的身高、力量和许多与之相关的生理参数，远远低于男性，而这也是男权社会能够形成的最底层原因。

然而，作为女性，我们也必须为自己的身体而感到骄傲，因为我们承载着整个人类繁衍繁荣的使命，我们是这个世界得以生生不息的最根本动力。

因此，我们需要爱自己的身体，这有两方面内涵：保护自己的身体不受任何暴力的侵犯，包括来自家庭和婚姻内部的暴行；捍卫自己的生殖器官不受任何强力支配，包括来自家庭和婚姻内部的强力。

多年来，政府和社会各方面力量都在积极推进男女平等，保护女性的合法权益，我们也真切感受到女性的社会地位在不断上升，但女性受到侵害的事件依然时有发生。

我们总以为，女性在社会上驰骋、在家庭中担责，被伤害的概率已经越来越小，但实际上，有很多隐患，就藏在社会角落之中，隐形于一些人的观念中，一旦有机会被激活，就会兴风作浪、伤害女性。

2018 年 4 月 5 日，李悠悠、王敖、徐芃、王宇根、严蕾等，实名举报原北京大学中文系教师、南京大学文学院文学语言学系主任沈阳，在 20 年前性侵其学生高岩，导致高岩精神抑郁、自杀身亡；2019 年 5 月，四川师范大学导师熊清泉对女学生进行性骚扰；2019 年 10 月，江西赣州师专教师陈某涉嫌性侵女学生；2019 年 12 月，北大国际数学中心冯某杰以结婚为名，欺骗数十名女生；2019 年 12 月，55 岁的上海财经大学副教授钱某被举报性侵女学生……

到了 2020 年，两桩挑战人性底线的恶性事件分别在韩国和中国曝出。在韩国 N 号房事件中，众多女性（包括未成年少女）被胁迫拍摄不雅视频，然后上传到网上特定的"N 号聊天室"中，让会员付费观看。据不完全统计，付费观看视频的账户多达 26 万个。2020年 4 月 9 日，在《南风窗》公众号上，一篇题为《涉嫌性侵未成年女儿三年，揭开这位总裁父亲的画皮》的文章，揭露了一位上市公司副总裁、知名律师利用法律漏洞侵害未成年少女的丑闻。

然而这些，都不过是冰山一角。不论身处哪种关系中，女性如果没有足够的自我保护意识，都有可能成为被侵害的一方。

不得不承认，在旧式文化中，在很多"大男人"眼中，女性始终是男性的附属品，女性的"忤逆"，会使他们产生挫败感。他们认为，由这种挫败感而引发的男性极端行为，应该由女性负责，这就是旧式文化中普遍存在的"受害者有罪论"。

不管如何呼吁"善待女性"，都不如女性增强自我保护意识更加有效，因为寄希望于男性转换立场、换位思考，去体味女性的甘苦，实在有太大的不确定性。如果女性自身学会了判别并杜绝各种暴力伤害，就不会再给人以可乘之机，从而避免"我是弱者，我能怎样"的被动局面。

3. 尊重自己的欲望

很多男性都表示很委屈，在他们眼里，现在明明是"阴盛阳衰"，女性的社会地位和家庭话语权都在上升，怎么还说是男权社会呢？举一个最简单的例子，如果一位女性公开说自己渴望权力、地位和财富，会得到一片嘘声还是一片赞扬呢？如果换成一位男性呢？那一定是所有人对其鸿鹄之志的交口称赞吧。

从古代社会起，社会对女性的道德标准都是以"压抑其欲望，限制其机会"为核心，尽管社会资源对女性越来越开放，女性在社会舞台上的作用也越来越大，但女性所面临的守家与创业之间的冲突却在愈演愈烈。

社会无时无刻不在通过各种途径强化女性的刻板印象，比如我们经常看到一些广告，总是妈妈在做饭，而爸爸和孩子在桌边等着吃饭，从未出现过爸爸在洗衣服、收拾屋子，妈妈在休息、看电视的情节。

另外，看似女人可以和男人获得平等的地位，但实际上，女性要想获得和男性相匹敌的社会资源，本身就是一件非常困难的事情。不要说男女之间同工同酬遇到的挑战，就连家庭内部的资源分配也很难做到男女均分。在"重男轻女"思想依然占支配地位的地区，社会资源的分配会彻底倾向男性，独门手艺、传世秘方传男不传女；房子给儿子买，不给女儿买；家业大部分由儿子继承，女儿能得到一点，就会感激涕零……

　　在价值教育方面，家庭对男女的倾向性更是区别明显。女孩的家长通常会教育她们工作上不要太拼命，照顾好家庭最重要；但对男孩的教育，则是希望他们有事业心，要不断进取。

　　从某种程度上来说，这种区别教育限制了女性获取社会资源的主观意愿，同时也增加了女性在发展事业时的顾虑和纠结。但即便如此，社会对女性的要求和施加的压力，却没有因此比男性少，而是比男性多。

　　女性在大学毕业后想要发展事业，家里人就开始催着相亲、结婚，因为"干得好不如嫁得好"；好不容易结婚了，又被逼着赶紧生娃，一个不够还要生俩；终于娃也生完了，想回到职场实现自我，又被"高质量陪伴"的育儿需求绑架得结结实实；即便是冲破重重阻力回到了职场，因干得好而升职加薪，也可能背负一些质疑、嘲讽和非议。

　　因此，作为一名女子，如果不能理直气壮地倾听自己的内心，就无法勇敢面对来自社会、家庭和职场的压力；如果不能问心无愧地正视自己的欲望，就不能在安全受到威胁、身体受到伤害、机会被人抢占时为自己发声，争取自己应得的那份权益。

1975 年，联合国开始举办活动庆祝国际妇女节，就是为了鼓励女性敢于维护自己的权利，表达自己的主张，敢于说"我要"，敢于说"我不"，而"我要"和"我不"都是女性尊重自己欲望的表达。

正视并尊重自己的欲望，不是为了找个人来满足自己，而是自己为了满足欲望而努力。而我们之所以这么努力，也不是为了成就一个物质的自己，而是为了在这个世界拥有相对的自由和选择权。

千万不要相信什么"女人要顾家，男人不喜欢有野心有欲望的女人"等论调，这只是部分自私的男性为了压抑女性的发展而编造的理由。那些真正爱你的人，爱的就是你在追寻梦想时熠熠生辉的样子。

好莱坞著名男演员乔治·克鲁尼在经历过一次失败的婚姻后，曾经发誓终生不再结婚，并在十几年间，他穿梭于名媛美女之中从不提及婚姻。

然而,在遇见阿玛尔后,一切都被打破了。历经苦苦追求,乔治·克鲁尼与阿玛尔在相识一年之后便闪婚了。结婚时，几乎整个威尼斯都被乔治·克鲁尼包场，他为了将自己的幸福昭告全天下，差点把积蓄挥洒一空，还经常诚惶诚恐地开玩笑说："是我高攀了她……"

使这样一个"男神"发生逆转的原因，不是妻子的温柔贤惠，而是妻子那份令他深以为荣的履历和极其出色的能力。阿玛尔毕业于牛津大学，是一名"律政佳人"，她的客户中有德国总理默克尔，有英国前首相卡梅伦，而她则被评为全球最有权力的女性第四名。

她曾担任联合国前秘书长安南的顾问，与俄罗斯总统普京会晤；她曾在国际法庭解决了泰柬两国持续了半个世纪的柏威夏寺争端；她曾为乌克兰前美女总理季莫申科做辩护律师；她曾为希腊政府起草文件，讨回英国抢占的文物；她曾顶住美国政府的压力，解救了被英国、瑞典等国通缉的维基解密创始人阿桑奇；她接受雅兹迪少女纳蒂亚的委托，将 ISIS 告上法庭……

阿玛尔遇见克鲁尼时已经 35 岁，而克鲁尼多次在接受采访时回味初见佳人的震撼，他一直拥有跟对方交流下去的渴望，而这种植根于心灵的默契远胜于任何肤浅的吸引。阿玛尔的工作很忙，经常拒绝乔治·克鲁尼的约会请求，而乔治·克鲁尼就世界各地到处追逐阿玛尔……阿玛尔从来不因为约会而忽视自己的工作，即使被名人追求依然保持自我。

2014 年，克鲁尼在白宫一场电影点映会上，当着奥巴马夫妇的面，跪下向阿玛尔示爱，连奥巴马都呆住了。而阿玛尔让乔治·克鲁尼在地上足足跪了 28 分钟，终于答应了做他的女朋友。婚后，万人迷克鲁尼被媒体报道成"知名女律师的丈夫"，而丝毫不被提及姓名，克鲁尼也毫无怨言、甘之如饴，因为他一直在内心中仰望着阿玛尔，仿佛在感谢上苍，世上竟然有这样一个优秀的女人会依靠在自己肩上。

被问及最爱阿玛尔哪一点时，克鲁尼说："她在法庭上辩护的样子简直太迷人了，我百看不厌。"正如霍启刚懂得珍视郭晶晶的价值一样，克鲁尼对阿玛尔的爱情也是建立在对阿玛尔的欣赏和理解之上。尊重自己的欲望，并为之努力的女子，其得到的爱情往往很难折损，因为她们没有给对方亵渎这段感情的理由和机会。

4. 喂养独立的精神

精神独立，是我在书中不断提及、百说不厌的话题。在我看来，作为一名女性，爱自己最好的方式，莫过于有意识地为自己提供精神给养，让那个孑然独立的精神小苗抽枝长叶，变得繁茂丰美。

相对于女性独立的经济能力，独立的精神其实更为重要。精神不够独立的女性，往往会过度渴望爱情，过度依赖于婚姻，过度相信她们自己编织的童话梦境。

她们会催眠自己，会在精神糖衣中对那些荒诞和危险视而不见；她们会在精神上完全依附于伴侣，在情感上把男人当作救命稻草，而为了供养这根精神稻草，她们往往愿意奉献一切。

有一位客户向我咨询，说自己想离婚。她既要工作，又要带两个孩子，还要照顾丈夫和公公婆婆。本来她觉得这些都无所谓，虽然非常辛苦，但也勉强能应付过来。没想到她最近发现，丈夫在婚外还有不止一个性伴侣，她终于崩溃了。我尽可能地问清楚她现在的婚姻状况，并了解到她已经身心俱疲、万念俱灰，所以决定支持她离婚的想法，并帮助她尽快走出阴影、恢复自信。

但还没过一周，她又跟我说，她不想离婚了，因为丈夫向她认错了。他的丈夫是个无业游民，不想工作也不愿承担家务。我问她："难道还要独自苦撑下去吗？"她说："他这么多年都没有工作，也不做家务，我还能指望他改变吗？只要他老老实实、不惹事生非就好，反正我已经经济独立了。"

实际上，"精神不独立"的背后，往往是来源于内心深处的恐惧，恐惧未知，恐惧变数，恐惧遇不到更好的人，而这些恐惧的根源，通常是一个人自我价值感过低，是无法甩脱的深刻的自卑。这种自卑不易觉察，却如影随形，可能渐渐就成了宿命；这种自卑让她们的双手创造着繁华，灵魂却瑟缩在一个人的后面，懦弱而胆怯。

那么，精神独立的女性到底是什么样子呢？有一个极致的标杆案例，就来自我的身边。

我有一个朋友是标准的家庭主妇，结婚之后就再没有踏入职场半步，先后生了两个女儿，对自己体型身材的要求也似乎完全放弃。她不修边幅，也没有刻意追求经济独立，我一度很为其担忧，并极力劝说她减肥修身，还劝她在适当的时候复出工作。

但相处越久，我越觉得自己严重低估了她的精神能量。她学贯中西，并没有因为不工作而与社会脱节；她信息通达，无论是大政方针还是娱乐八卦，她绝对没有认知贫乏；她自修英文，在辅导孩子的同时，让自己也一直保持着高速的精进，而孩子在国际学校里的成绩也因为妈妈的辅导而一直保持领先；她与丈夫之间也保持着高频良好的互动，老公一点也没有因为她的身材走形和脱离职场而看低她半分。

对于精神独立的女性来说，经济独立只是锦上添花，即使没有经济方面的支撑，她们照样可以凭借丰盛而流动的精神能量、强大而宽阔的内心世界去营造一个强大的气场，让气场中的人流连忘返，不舍得离她而去。

精神独立的人，行为方式中会表现出以下特点：自己能做的事情就可以不依靠他人，爱情和婚姻都不是生活的唯一支柱，有自己的生活，不轻易附和，懂得断舍离，会理性控制自己的思想，会爱护和保养自己的身体，懂得孤独才是人的常态，知道自己想要什么，不被刻板印象所累，从容不害怕，坚定不后悔。

5. 培养情感免疫力

"男人是行为的动物，女人是感情的动物。"这是法国 19 世纪哲学家孔德给世间男女下的一个定义。由此可见，相对于男性而言，女性确实对感情的需求更加强烈，对感情更加倚重。

众所周知，"女人为爱而性，男人为性而爱"。心理学研究证实：女性的生理需求产生于女性心理特征所特有的情绪满足需求，而女性的心理活动，则相对于男性更为细腻敏感，所表现出来的情感也更为丰富多态。

相对于男性的多情和绝情，专情乃至于痴情才是女性情感活动的显着特征。一旦一个女性对异性付出真心，就很容易把他当做生命的全部，将情感全然寄托于他。

男女相爱时，除了当下热恋的女子之外，部分男性还可以在心里容纳若干个"她"，有前女友，有红颜知己，有好妹妹……而女性则不同，当她和所爱的人在一起时，她的所思所想、所嗔所怨、所感所为，都只是围绕那一个"他"，很难将精力和情感抽出，再分配给其他人。

因此，古往今来，我们在爱情经典中看到的，多是痴情女子和负心汉的故事。我们已经习惯了在花心男子"始乱终弃"的悲剧情节中，把同情和感动给予被损害被抛弃的专情女子。而在脍炙人口的民间文学和传世情歌中，我们也不断地被痴情女子"山无棱，天地合"的专一决绝而震撼着神经，被她们"执子之手，与子偕老"的忠诚坚定而荡涤着认知。

然而，也正是女子这份动辄对情人忠贞不渝、一动真情便要生死相许的执着情怀，影响着女人对情感的判断，引导着她们对情人的考量，甚至会影响到她们对自身的评价和对自我需求的感知。所以，情感免疫力对于女性来说，是一种自我保护、自我救赎的稀缺能力。

对于多数女性来说，只要有过恋爱经历，就可以自然生成一些情感免疫力，理性的空间就会比之前拓宽一些。因此有人说，恋爱就像疫苗，"感染"过、受过伤，才能生成判别的智慧，才能学会如何规避垃圾情感。

在我看来，对于女性来说，尤其应该如此。如果一个女子在而立之前还没有培养出足够的情感免疫力，那么中年之后的情感错误，对人生的负面影响会呈几何倍数增长。

有这样一个比喻：女性一生之中有十次恋爱，如同爱情路上的十级台阶。不登上这些台阶，她就永远无法站在高处看风景。

其实，每一次恋爱的经历，都会将我们的爱情观一步一步推向成熟，但前提是我们一定要善于总结和感悟。如果爱来爱去总是重蹈覆辙的话，那就只能说明，我们的恋爱经历并没有使自己获益，也没有让自己的情感管理能力获得免疫。

很多朋友把林徽因奉为女性中的超级赢家，并把她当成人生的终极榜样。徐志摩对她终生难忘，梁思成对他终生不渝，金岳霖为了她终生不娶，而此三位男子，皆是风流才俊、人中之冠！最令人称奇的是，虽然三人同爱一人，但一直心甘情愿，从没出现"吃不到葡萄就说葡萄酸"的丑态，全都尽心竭力地维护着林徽因的美誉。

林徽因与三位才子的故事被传为佳话，生前被人仰视，故去后依然被很多人视为女神。这样一位百年难得一遇的佳人，究竟是怎样"炼"成的呢？

1920 年 4 月，16 岁的林徽因，在游历欧洲的途中结识了正在英国留学的徐志摩。学识渊博、谈吐风雅、气质俊朗的徐志摩，迅速获得了林徽因的青睐，但是林徽因有自己的底线，她无法和一个有妇之夫纠缠不清。

在给徐志摩的信中，她说："我不是那种滥用感情的女子，你若真的能够爱我，就不能给我一个尴尬的位置。你必须在我与张幼仪之间做出选择，你不能对两个女人都不负责任。"

24 岁的徐志摩，当时已经是一个孩子的父亲，而其妻张幼仪的腹中正在孕育着第二个孩子。然而，信奉"生命诚可贵，爱情价更高"的徐志摩，在接到回信后直接走火入魔了。为爱而疯狂的徐志摩，先是逼迫妻子打胎未遂，又在妻子生产后，逼迫她在离婚协议书上签字，让张幼仪被动地成为民国以来"新式离婚第一人"。

然而，徐志摩对前妻的残酷，也惊醒了林徽因。她经过冷静的思考，决定与徐志摩拉开距离。当徐志摩拿着离婚协议书去找林徽因时，伊人已经远去，不辞而别。

有很多少女，在爱情的电光火石中，总会被自己飞蛾扑火般的坚定而感动，甚至会为爱而不惜跟全世界作对。但在林徽因与徐志摩的这段爱情中，呈现出了一个反典型的角色置换：林徽因处理感情时的"稳、快、狠、准"，让我们看到了一个具有"爱情免疫力"的聪慧少女。她依赖直觉和理智，成功规避了与徐志摩的情感纠葛，转而为自己在众多的追求者中，选择了一位真正适合共度一生的伴侣——梁思成。

纵然，林徽因的美貌、家境、才华和眼界，都是助力她获得"爱情免疫力"的重要因素，但必须承认，林徽因之所以在情感上睿智早萌，很大程度得益于她博闻强识、交游广泛，年纪轻轻就树立了一种正确健康的异性观。

正是这种正确健康的异性观，让林徽因可以用理性大于感性的态度去评价恋爱对象，评估自己与对方未来的种种可能，从而规避了很多潜在风险。

2019 年 10 月，北京大学法学院女生包丽（化名）在北京市某宾馆服药自杀，送医救治期间被宣布"脑死亡"，后于 2020 年 4 月 11 日去世。包丽母亲称其受男友折磨而自杀，相关聊天记录显示，在包丽自杀前，其男友牟某曾向包丽提出过拍裸照、先怀孕再流产并留下病历单、做绝育手术等一系列要求。

该事件引发了舆论对亲密关系中的精神控制、PUA 等问题的关注和讨论。由此，一个在全球有 600 万拥趸的爱情骗术产业链——不良 PUA 培训，也从暗处被高光聚焦，出现在人们的视野中。

不良 PUA（Pick Up Artist）培训，系统地向男性传授所谓的"爱情搭讪术"，但实际上，他们所售卖的是如何物化、奴化女性，如何以精心设计的套路，去捕获女孩的芳心，禁锢女孩的精神。从骗色，到劫财，再到精神控制，甚至用爱的名义，鼓励女孩子做出自我伤害的事。

少女遇到爱情，这是人生中多么美妙的经历。但如果在此刻，她们遭遇的是 PUA 策划的伪爱情，女孩的一生将毁于一旦。

究竟该如何鉴别这些受过系统训练的"渣男"？如果女孩已经陷入了这种危险的感情，并已经被精神控制，如何才能帮她们甩脱恶魔设下的精神镣铐？我想说，爱情从来不是一种与生俱来的能力，想识别虚情假意的男子，识别爱情骗局，请先学会爱自己。

在封建社会的思想体系中，最貌似爱的东西，都建立在等级和从属关系之上。比如，臣对君，是"忠"，君对臣，是"礼"；妻对夫，叫"贞"，夫对妻，叫"仁"；子对母，叫"孝"，母对子，叫"慈"……而那种平等互逆、温情缱绻的爱，则有可能刚刚在繁复的封建礼教中冒出头，便会遭到打压。

梁祝、白蛇传、杜十娘、孟姜女……那些经典爱情故事，无一不被演绎成悲剧的绝唱。这些基调凄美的爱情故事，至今仍广为流传，但如果不在正确的分析和引导中加以解说，就有可能被女性潜移默化成爱情的范本，从而树立起一种卑微的爱情观，顺从而悲观地看待爱情。

由于封建思想和民族性格的原因，我们对爱缺少热情直接的表达，传统文化中又缺少对爱的讨论，成长历程中又很少有人严肃地教过我们如何去爱，即使在当下，其实很多人依然不知道，健康的爱情应该是什么模样。

在亲身体验爱情之前，女性对爱情的印象多数来自于父母感情、童话故事、文学作品、电视网络和道听途说。在各种信息途径中，爱情以各种面目，输入到我们的认知中。从理论上讲，父母感情对子女的参照作用，应该是最强大的，然而在现代家庭中，父母辈的感情生活，能被子女认可的可谓少之又少。

因为父母辈的感情模式，大都有强烈的时代印记。在上一代的爱情中，夹杂着时代背景所造成的诸多无奈，而父母"秀"出的情感生活，也是千疮百孔，很难对子女具备说服力。更有甚者，一些女孩居然将妈妈的感情生活，当做了激励自己的反面典型。因为她看到了妈妈的不快乐，也看到了妈妈在两性关系中的失败，所以她们会更加热衷于，通过其他渠道，探寻更加理想的爱情。

涉世未深的女孩子们，青春在燃烧，荷尔蒙在沸腾，她们像小鸟渴望天空一样，渴望着爱情。也许，她们个个博闻强识，古灵精怪，能说出一堆堆爱情箴言，但实际上，科学而严肃的情感教育，在她们头脑中，却是一片留白。

东方的耻感文化，使得我们至今谈爱色变，谈性色变。当四岁的女儿望向父母，认真请教"宝宝是怎么生出来的""什么叫结婚"时，父母经常一脸苦笑，顾左右而言他，用一句"你现在还小，长大了再跟你说"而搪塞过去，甚至还有的父母会说："小孩子问这样的问题，你羞不羞啊！"

从那时起，对两性情感的探寻，在女孩的心中，就开始等同于不可言说的羞耻。转眼间，当父母早已忘记了"等你长大了再跟你说"的承诺时，那个小女孩已经亭亭玉立，到了婚龄。父母又错误地认为，孩子随着年龄增长就会对婚恋无师自通，于是开始拼命对她催恋、催婚。

直到有一天，女孩陷入了了一段不良感情之中，她居然不顾父母的反对，决定为爱与父母决裂，毅然投入一个爱情圈套。此时的父母，不知是否会想起，她在四岁时，曾热切地期待指导，但遭到了敷衍和拒绝。

很多时候，正是一些父母的无知，让女孩子的情感认知还停留在童年，也正是父母的不作为，间接地将女孩送入了"渣男"的怀抱。实际上，任何教育都不可能一蹴而就，对于女孩的情感教育，则更加需要用春风化雨式的循循善诱，去对抗四面八方的误导。

几千年的封建社会，在道德体系中，一直对男性和女性实行赤裸裸的"双标"。在两性关系中，封建传统文化倡导的是，女子以付出、隐忍和自我牺牲来陪衬对方，方为美德。但是在今天的社会上，女性已经全面、无差别地参与到广泛的社会活动中，她们不但更多地负担家庭建设、子女教育，而且与男性一样，在社会各个岗位上大展拳脚，创造着与男性相同的社会价值。

与之相应地，平等互助的爱情和婚姻，对等分工的家务劳动，父母分工合作的育儿方式，才是这个时代应该凸显的意义。传统在被继承的同时，必须不断被时代所积极改写，因为发展的实质是扬弃。

在一段情感关系中，女同胞们必须保持清醒，必须坚定地先爱自己，再爱别人。

如果对方总是打击你、贬低你、否定你，那肯定不是真正美好的爱情，因为爱你的人，会珍视你的自尊，让你愈发肯定自己。

如果对方对你忽冷忽热，若即若离，那肯定不是真正美好的爱情，因为爱你的人，不会用这种方式折磨你。

如果对方总是让你痛苦，甚至怀疑自己，那肯定不是真正美好的爱情，因为爱你的人，会给你正能量，让你充满自信，对生活充满感激。

如果对方总是让你降低人格，臣服于他，那肯定不是真正美好的爱情，因为爱你的人，绝对舍不得对你进行人格侮辱，更不会通过侮辱你而获得满足——这种自卑的人，也没有能力爱你。

如果对方对你有诸多不满，却又反复纠缠、不愿放手，那肯定不是真正美好的爱情，因为爱情里的人是自由的，试图纠缠、禁锢你的人，绝对不会爱你。

如果对方提出, 用各种奇怪的方式惩罚你, 那肯定不是真正美好的爱情, 因为爱你的人, 不会用这种残酷而变态的方式去对待你——那不是爱你, 而是在驯化你。

好的爱情, 会让人越来越自信。他向你输出正能量, 给你勇气和力量。

好的爱情, 用快乐来滋养你。良性的情绪互动, 会让彼此充满幸福感。

好的爱情, 让彼此身心健康。沉浸在好的爱情中, 你不会整天与眼泪、叹息、戾气、焦虑这些负能量为伍。

好的爱情, 让彼此携手成长。爱你的人, 会拉着你的手, 一起向希望奔跑。不爱你的人, 才会强迫你, 假装以爱的名义, 为了他而自我牺牲。

好的爱情, 让你充分感受到自由和平等。爱你的人, 不会通过让你放弃自由和自我, 来彰显自身魅力。

在一段情感关系中, 女同胞们必须对自我有清醒的认知, 只有客观地评价自己, 才能判别出真正适合自己的人。请对异性不卑不亢, 不过度抬高自己, 也不过度取悦对方。

正在追寻爱情的女孩们, 请一定要珍视自己的羽毛, 拒绝短期内的亲密关系。"渣男"们闪电式追求性爱, 最主要的是为了节省追求成本。多考察和考虑一段时间, 对方就会觉得投资周期太长, 就会自动撤离。因此, 拒绝短期内亲密关系, 既验证了对方的诚意,也保护了自己。

请坚定地爱自己，倾听自己。不以对方的标准而轻易否定自己，甚至改变自己，不为权贵而折腰，不把爱情当交易。天下骗局，无不瞄准人性三大弱点——贪、懒、虚荣。无本生利，是贪；不劳而获，是懒；好高骛远，是虚荣。

先爱自己，再爱别人，由己及人，才是爱情。

愿所有的女性都能练就一双慧眼，可以拨云断雾，明辨真假，找到真正的爱情。

结语：愿你开成自由行走的花

我写这本书，全因有感而发。

从小到大，我捕捉到世界上太多的对女性的刻薄，一层层叠加上来，无法随时间消解。在我婚育期间，饱尝了一场因为对人性的误判而导致的精神重创，让我差一点就变成一位极端自毁的年轻妈妈。还好，我还算强大，还能够一边调整自己，一边将那些积压在心头、已经叠加到喉咙的重负融化在指尖，敲成文字，希望这些文字对别人来说有一定的意义，而不只是换来几声叹息。

我不是一个女权主义者，因为我不够坚硬。

我有一张不妥协的脸，也有一腔爱奋争的热血，可我还没有攒够向社会呐喊的能量。我现在能做的，只有将我的所思所想汇集起来、传播出去，不惜让有些人嘲笑，但求让更多深陷困局中的痴人醒来。

我曾经活得那样拧巴。我间歇性地踌躇满志又经常性地顾虑重重，我忽而雄心勃勃忽而又保守谨慎，我崇尚自由又甘心投身于家庭，我上一秒还在精明强干、锱铢必较，下一秒就能为了家庭而继续无私奉献……

我曾经过得那样纠结。我挺着大肚子加班谈业务，我忍着涨奶的难受演示 PPT，我把孩子绑在身上做饭，我每晚至少起来三四次给孩子喂奶，我长期劳累睡眠不足，经常坐着喂奶都能睡过去……我既不能完全放下事业上的追求，安心享受相夫教子的乐趣，也无法全情投入到工作中，享受升职加薪带来的快感……

我曾经自信满满地想要征战世界，却在家庭与事业的双重磨损下，耗尽心力，脱下羽衣。社会和家庭在用双重标准苛求我们，而我们还要默许这样的标准，可能还会成为推手，和他们一道来苛求自己。难道将来，还要再去苛求我们的女儿吗？

我是一名女性，我无法改变我的性别，至少今生如此；我也无法凭一己之力顷刻间撼动整个世界，让它充满我希翼中的美好。但我仍然选择深爱我的性别，并以我的女儿身和女儿心为荣。我有一个女儿，一个既让我满心欢喜又忧心忡忡的存在。我时常望着她如花般的小脸儿，遥想着她的未来，想象着她在人生路上，可能会历经哪些风雨沟坎，遭遇哪些我曾遇到的和我未曾历经的挫折与欣喜。

走出去，放眼看，这个世界是那么美好。天地自然阴阳调和、刚柔并济，但也正因如此，我们在婚姻中，不可避免地要历经两性间的博弈。我想，和我一样也有个女儿的母亲们，甚至深爱女儿的父亲们，也许都有过像我一样的忧虑吧？当我们的女儿将来走到那个至关重要的心灵路口，那个曾让我们倍感痛苦的人生节点时，我们该给出怎样的建议，该引导她们如何自处。

为此，我给女儿写了一封信，将我的所思所感溶入对她的希望，希望她成长到某一阶段时，在她脱离我的保护之前，可以读懂母亲的良苦用心。

同时，我也想将这本书连同这封信，一并送给普天之下的所有女儿和爱女儿的母亲、父亲，以及所有能读懂我的文字的女性，希望你们能随着文字的节奏一起思考，一起有所感悟。

女儿：

初识你的情景让我终生难忘。在手术室里，一位白衣白口罩的男医生抱着一团粉嘟嘟的"肉"在我眼前晃动，告诉我那便是你。

见到你我真的很荣幸，于是我努力记住你的样子。你的头发和眼珠都很夺目，像是浅色底子上刚刚漆上去的湿漉漉的乌黑。我们互相打量着，仿佛相识已久。一刹那间，我就无可救药地爱上了你，并希望你也能或多或少地喜欢我。

你的到来给全家增添了太多欢乐，也给我平添了几分隐忧。这些隐忧不足与外人道，但我一定要找机会跟你说说。

女儿，我曾经希望你是个男孩。不是因为我更喜欢男孩，而是我希望你——我的孩子，我精心孕育出的嫩芽可以抽枝吐绿、不畏风雨，开成一朵自由行走的花，在这世界中恣意摇曳、随心盛放。

而对于一位女子而言，精神的负重可能会随着年龄而增长，心灵的自由常常不敌俗世的蒙尘，走着走着，便走出了花期，迷失在各种无形枷锁的牵绊中……

女儿，我将你生成女子，心中难免有些遗憾，遗憾你此生快意恩仇、对酒当歌的机会可能少了许多，遗憾你负重前行、隐忍求全的时光可能多了一些……可我还是那么希望你能够超然于纷纷扰扰之外，用智慧和快乐将自己灌溉成一朵自由行走的花。

女儿，幼年时光中的你，正浸泡在我给你的幸福中，我希望你拥着花朵般柔嫩的身躯，在爱意中自由行走。

所以，我为你准备了很多很多爱，新鲜的、甘醇的、永不腐败的、源源不断的……以不同的形式、不同的状态、不同的介质涌向你。我的爱是浓稠的奶水，奔向你粉红的口唇；我的爱是密集的亲吻，覆盖你鼓鼓的小脸；我的爱是抱你的手掌，在你昏然欲睡时击出节拍；我的爱是目光的流连，在你醒时睡时都无法移开；我的爱是轻慢柔缓的低吟，抚慰你无助时嘹亮的哭喊，然后在你哭累后用歌声为你唱出一个悠悠荡荡的摇篮……

你可以对我予取予求，我会对你倾尽所有。你知道吗？我渴望你那么久了，从我遥远的少女时代就有想做妈妈的呢喃，直到我与恋人跌跌撞撞走入婚姻殿堂，那份爱早就开始为你积攒。你来了，我的爱便有了施与的方向，真好。

女儿，我有一个愿望，想给你一个如歌如画的童年，让你在从容与自信中自由行走，在有恃无恐的快乐中准备青春的绽放。

女儿，我相信，孩子的精神世界比成人更精彩。太多成年人一旦走出童年，便迅速转换了视角，变得自以为是、居高临下。他们再也不会放下身段，去倾听一个孩子的心声，他们只会低头俯看，看到一个截面，便误以为那是孩童世界的全部。我想，我可以是一个不那么自大的母亲，我愿意用你的视角打量这个世界，我愿意用你的节奏为你鼓舞伴唱，我愿意一直在你的世界里为你哼唱背景音乐，看你在音乐的陪衬下肆无忌惮地笑，动如脱兔地跳……

女儿，童年时的我曾经有过"情感饥饿"，因为那个年代的父母对育儿的概念还停留在"喂养"上面。直到今天，当我向父母抱怨起他们对我内心世界的漠然时，我还是会被斥为"矫情的小孩"。

女儿，你在睡梦中弯出的销魂兰花指，让我觉得，你可能继承了我的"矫情"。如果是这样，我会提供你精神上所需的所有养分，保护你的敏锐才情和善感心灵。从你每次吃奶前爆发出的那声震天怒吼，和现在就可见一斑的苗壮身形，又让我觉得，你可能会长成一个舒朗豁达的女子，谈笑粗门大嗓，四肢孔武有力。如果有那样的苗头，我也会修改"培育小清新"的原始计划，换成可能更适合你的 B 方案，学习怎样培养一个"金刚芭比"……

女儿，我非常敬佩儿童的想象力，那成人无暇理会的一隅，蕴藏着令人惊叹的萌芽中的创造力。我想，我会拼命保护你彩色的梦幻，尽我所能给它插上飞翔的翅膀。我想给你一屋子玩具，它们都有自

己的性格和自己的故事，有自己的名字和自己的派系。擎天柱是正
义这一派的大哥，邪恶的一方由蒙面的忍者统领，看似美丽单纯的
芭比娃娃实际上领导着一个杀手组织，那只普通的铁皮老鼠，其实
是归隐的神圣先知。

女儿，我会和你平等对话，虽然我比你老很多，但我并不觉得
比你聪明、比你能干。你那么优秀，在很小很小的时候和上亿个小
伙伴比赛游泳马拉松，你第一个到达终点，游进了妈妈的肚子里，
那时我就已经开始为你骄傲。后来，你寄居在我的肚子里十个月，
虽然我变得又难看又难受，可我同时也变得笑容甜美、才情迸发。
女儿，你是我生命中最欢迎的人，你来陪伴我的人生，我会真诚地
做你的朋友。

我不要你听话，我们互相倾听；我不要你顺从，我们彼此尊重；
我不要你感恩，因为你带给我更多。我并不伟大，虽然你要叫我妈妈，
但我只是尽我所能，心甘情愿地有所担当，并和你一起成长……

女儿，我总在想，豆蔻年华的你会是什么模样，是不是一头长
发，笑容像绵白糖；还是一身巧克力色，走到哪里就洒落一地阳光。
青春期的你会不会叛逆得离谱？会不会像当年的我一样，内心如同
困顿的小兽，积满对自我的执拗和对世界的张狂？

女儿，随着你越长越大，我能做的就越来越少；随着我越来越
老迈，你能从我这里汲取的知识也会越来越有限。我多么希望那时
的我能尽量跟上你的脚步，不让我们之间的距离变成一条鸿沟。

女儿，不管怎样，请你记住：

我对你的爱不变。我一直以为，"溺爱"是一个伪命题，可能在中国传统亲子文化中没有"爱"这种温暖柔软的概念，所以父母们总是搞错方寸，要么把爱变成了硬邦邦的"管束"和"控制"，让孩子变得渺小；要么又变成了毫无原则的"依从"和"纵容"，让自己跪在孩子面前……女儿，我爱你的基础是，我们是平等的，我爱你就如同爱我自己，而这份爱，有一个永不过期的保质期。

我对你的尊重不变。如果你不愿意，我不会让你在众人面前表演儿歌；如果你尿床了，我不会在别人面前拆穿你；如果你做错事，我会私下里与你沟通，不会当众训斥你；如果你和小朋友打架，我会慢慢问清楚原因，不会一味责罚你；如果你考试成绩不好，我会带你去游乐场放松一下，并承诺如果你下次有进步，我们一起去迪斯尼；如果你喜欢上哪个男孩子，我会把他请到家里，再多请一些女孩子，看看他是不是也真的喜欢你……

我是我，你是你，我会用你能接受的方式影响你，但我不会将任何东西强加于你。我不会将你与别的孩子比较，因为你是独特的；我不会阻止你初恋的萌芽，因为那是美好的；我不会催你在婚龄时嫁人生子，因为单身时光是快乐的；我不会将你用道德捆绑在我身边，因为世界是精彩的。

我对你的支持不变。我们注定的母女关系，也注定了我将对你提供终生的支撑。女儿，这种支撑并不是互逆的，因为你将会把这种支撑顺延到你的孩子身上（如果你将来选择做母亲）。等你做了母亲后，你会明白一个最真实的能量传递规律：母爱不求回报，因为母爱只会向下传递。

女儿，从最初我的子宫向你提供生命养分之时，我对你的物质支持便已开始。然而，我对"喂养"你这件事一直不是很看重，因为在物质如此丰富的今天，吃饱穿暖实在不是一件难事。我想，当你谋得人生第一份工作，领得第一次薪水的时候，我便会逐渐停止对你的物质供给，然而在精神上、心灵上、情感上的支持，我的源泉将永远对你开放。

女儿，你成长的那个时代，资讯将更加通达，你会泡在浩如烟海的信息里日渐长大，你要学会游泳，学会潜水和冲浪，否则就会迷失在真假是非中不辨方向。

女儿，送你几句话，是我玩味许久并最终觉得没有大不妥的话，虽算不得人生锦囊，但你也听听无妨。

1. 不畏变化，从容自处

除了母爱之外，这世上永恒的唯有变化。不要期待不变的东西，不要把幸福寄托于不变。沧海会变桑田，森林会变沙洲，时过会境迁，情过会漠然。即使是我，你的母亲，也无法让你依赖到永远。

所以，我的女儿，你要开成一朵自由行走的花，你也要变化。不要停留在原地，要勇敢地尽情奔跑，一路不断提升自己，只有这样，才能从容开放，从容凋零，不负年华，不负生命。

2. 不惮流言，忠于自我

这世上最不重要的事情就是别人说什么，最重要的是你自己的心在说什么。人们总是听了这个，又听那个，听了周遭所有的叽叽喳喳，却唯独忘了听听自己怎么说。于是，被别人左右了行为，却由自己来承担结果。

所以，我的女儿，你要开成一朵自由行走的花，要独立思考，要忠于自我。世界总是很嘈杂，一些人总是喜欢指指点点、比比划划。屏蔽掉那些无谓的声音，你才能听得到自己的心。

3. 不惧岁月，优雅自重

这是一个非常擅长制造"老女人"的时期，一方面，一些社会舆论倾向于将已婚女子等同于大妈，另一方面又不断催促未婚女子早日进入婚姻，因为"剩女"会面对很多不必要的压力，迎接很多看似热情的关心，显然还不如一位有家庭归属的幸福大妈。

所以，我的女儿，你要开成一朵自由行走的花，要自珍自重，不要让那些与你无关的人定义了你的幸福。优雅自持的女子从来无惧岁月，希望你从少女长成"熟龄少女"，即便满头银发时也依然拥有快乐活泼的少女心，优雅地和岁月成为朋友。

4. 不怕付出，笑对荣辱

不管你怎么过，生命只有一次。多一些体验，多一些经历，让回忆丰满一些，让生命丰富一些，也不枉来世上走这一回。

所以，我的女儿，你要开成一朵自由行走的花，享得了阳光雨露，也经得起电闪雷鸣，不为满足他人，只为充实自己。我鼓励你付出，绝不是鼓励你委曲求全、忍辱负重，因为付出无须牺牲快乐，而快乐的付出才会收获更多快乐。

洋洋几千言，亲爱的女儿，唯愿你开成一朵自由行走的花！